JN320850

定年前から始める

ロングステイ実践講座

LONG STAY JISSEN KOZA

Kunisawa Junzo 國澤潤三

教育評論社

Teinenmaekara-Hajimeru

Long Stay

Jissen-Koza

はじめに

シニア層の海外旅行熱は衰えを知らない

　米国のサブプライムローンに端を発した深刻な世界同時不況により、日本人の消費行動にもこれまで見られなかった顕著な変化があらわれてきております。「デパートからスーパーへ」、「高級ブランド品からPB商品へ」、「外での消費を控えて自宅で『巣籠り』へ」等々、世の中「節約」がキーワードになった感さえあります。

　そんな暗い環境のもとでも、2008年9月のリーマンショック以降2桁台の大幅な落ち込みを記録していた我が国の海外旅行者数は、依然厳しい状況は続いていますが、大手旅行会社JTBの想定では、円高と燃料サーチャージの撤廃等が功を奏し、海外旅行に回復の兆しありと見ております。新型インフルエンザの影響で旅行を控えていた人も、動き始めてきた様です。

　中でも、景気動向に余り左右されないといわれるシニア層の海外旅行熱は衰えを見せておりません。

　シニア層の大層は子育てが終り、住宅ローンも完済し、退職金が入り、その上、比較的資産も多く且つ高額な年金を受給している富裕層が増加している事も、安定的な海外旅行志向に繋がっているのです。

　またこの層は、夫婦共々、職場を通じて、あるいは友人同士で、それなりに「余暇生活の過ごし方」にも秀でたアクティブな人々が多い世代でもあります。この層の人々の旅行熱は、国内・海外を問わず、大変に人気が高いことは皆さんご存知の通りです。

　このシニア層に対する色々なアンケート調査を通じて分っていることは、主な趣味の中で、ほぼ「旅行」が上位を占めており、それ

も特に「海外旅行への願望」が強いという事です。

日本人に定着した「夫婦で行く海外旅行」

　日本人の海外旅行者数は、世界各地の大きなアクシデント（テロ事件や疫病の発生等）の影響を受けて、ここ数年やや足踏み傾向が見られます。それでも、2008年の海外出国者数は1,599万人にものぼっており、これは国民の100人中12.5人が、年に1度海外旅行に出掛けている勘定になります。

　しかも、海外旅行に夫婦で行く傾向が益々顕著になっており、かつての様に男性だけで行くとか、大型団体で行くよりも、個人参加型の夫婦で行く海外旅行が増えて来ております。

　また、海外に行っても、国内同様、夫婦で主体的に過ごす術を熟知している人々も多いのです。では、何故、この様なアクティブなシニア層が海外旅行に積極的に出掛けているのでしょうか？

　人によって色々な理由がありましょうが、筆者は、海外旅行の魅力の原点は次の3要素と考えております。

　〇日常生活からの開放
　〇未知の世界への憧憬
　〇異文化に直接触れたい願望

　今まで自分達が知らない世界に飛び込んで、その風土、歴史、文化に直接触れて、美味しい物を食べ、そこに住んでいる人々との交流を通じてお互いの理解を深める。こんな素敵な体験は、やはり国内旅行とは一味違った、海外旅行の楽しみの奥深さではないでしょうか。そして、これ等の貴重な体験を夫婦で共有出来る事も大きな魅力であり、楽しみなのです。

はじめに

海外ロングステイへのいざない
ロングステイとは？

　ちょっとお堅い話になりますが、ここで「ロングステイ」とは？の問いにお答えしておきます。この「ロングステイ」は造語で、「海外滞在型余暇」と訳されております。まだ日本の社会に定着した言葉ではありませんが、ロングステイそのものは、退職者を中心とした富裕なシニア層に徐々に浸透しつつあります。

　要は「海外に出掛けて、長期滞在の余暇を楽しむ」と考えれば宜しいでしょう。周遊型では無く長期滞在型がその特色です。欧米の国々では、半世紀ほど前から、この長期滞在型旅行は、一般国民にもかなり普及し始めており、廉価で快適な宿泊施設の整備も相当に進んでおります。

　余談ですが、日本国内でのロングステイにも触れておきます。

　筆者はリタイア後に、北海道網走と沖縄県石垣島でロングステイを体験しておりますが、どちらも受入れ体制は海外に比べて極めて遅れております。自然環境等は優れているのですが、地元の受入れ体制はまだまだ貧弱なのです。特にロングステイ用の快適な滞在施設の整備は、極端に遅れを取っているのが現実です。今後は、アクティブなシニア層を中心に国内でのロングステイや「一時移住」の希望者が、急激に増えていくと思われますので、受入れ側の早急な体制整備が強く望まれます。

　これこそ官の主導で進めて行かなければ、一向に外国並みの受入れ体制の整備は進みません。例えば、不要不急のハコモノや道路に予算をばら撒くよりも、今話題の「かんぽの宿」、「グリンピア」、「公務員官舎」などの遊休中の大型官製施設を一括して国内ロングステイ向けの施設に衣替えして、広く国民に開放する位の柔軟な発想が政府や地方行政府から出て来ても良いのではないでしょうか。

財団法人ロングステイ財団

「ロングステイ」という造語を定義しているのが、財団法人ロングステイ財団です。

元々は1986年に当時の通産省が旗振りした「シルバーコロンビア計画」という国家プロジェクトが、そのスタートでした。

筆者はJTBの現役時代、当時の通産省の委嘱を受け審査委員としてこのプロジェクト策定に参画しております。周遊型団体旅行が主流であった当時の海外旅行形態とは対極にある、この「滞在型海外旅行」の提唱は、時代を先取りした斬新な発想であり、筆者の若い頃からの研究テーマでもあった事から、大いに共感を覚えて参画していたのですが、プロジェクトの成案を見る前に、「日本は老人も輸出する気か」との内外の批判の高まりから、計画は頓挫し、残念な結果に終わりました。

後に1992年、「財団法人ロングステイ財団」が設立され、かつてのシルバーコロンビア計画の思想が引き継がれております。この財団では、海外滞在型余暇の各種調査・渡航者援助・啓蒙活動等が行われております。

この財団が定義している「ロングステイ」とは、「帰国を前提にした2週間以上の長期滞在型余暇である事」「余暇を目的とする事」「生活資金の源泉は日本にある事」等と規定しております。

この財団は、常時、個人会員を募っており、会員になるとロングステイに必要な現地情報や各種支援が得られるほか、季刊誌「LONGSTAY」が年4回自宅に送られて来ます。ホームページも極めて充実していますので、パソコンがあれば、一度覗いてみる事をお勧めします。現地下見旅行の案内も多く、これからロングステイを計画する人には、強力な援軍になるでしょう。

はじめに

ロングステイの魅力

　ロングステイは、時間とお金にある程度余裕のある退職者などの健康でアクテイブなシニア層には、打って付けの旅行形態といえましょう。シニア層に静かなブームが起きているのも納得出来ます。

　行きたい国や都市を探して、見たい事、体験したい事、食べたいもの等、自分に合った事を好きなだけ時間を掛けて実現する。しかも滞在費に余りお金を掛ける事も無く、長期間、思う存分に異国生活を満喫する。こんな自由で素晴しい体験が出来るのです。

　これこそ正しく、職業人をリタイアしてからこそ、長期に亘って味わえる「本物の快楽」といえましょう。これから退職時期を迎える皆さんや、すでに退職されたシニア層の皆さんに、この魅力ある海外旅行を是非体験して頂きたいものです。

　筆者は、5年前に退職してから、この海外ロングステイをすでにマレーシア、オーストラリア、カナダで体験しましたが、これまでの周遊型の旅行と違った楽しさが多い事を実感しております。

　短い滞在で通り過ごしてきた国々を、1ヶ所に腰を据えて長期滞在し、現地に住む人々の中に溶け込む。周遊旅行では見えなかった街の素顔も見えてきますし、お国の人々との自然体での交流など、これまで体験出来なかった素晴しい快楽を体感出来るのです。

備えあれば憂いなし

　筆者は、昨年来3回、「海外ロングステイセミナー」にパネラーや講師として招かれ、体験談を披瀝（ひれき）させて頂きました。大手新聞社の主催でもあり、大型の会場を埋め尽くす熱心な参加者の熱気に圧倒されました。そして、最後の質問タイムでは、具体的で細かな質問をお聞きしました。例えば、「滞在先の選択の基準は？」「1ヶ月の現地滞在費はどれ位見たら良いか？」「何を持参したら良いか？」

「日本食材は買えるか？」「言葉の面で不安はないか？」等々です。中には、その後メールで質問してくる熱心な方もおられました。多くの皆さんが、具体的な渡航準備に入ってみると、もっと詳しく知りたい、あるいは良く分らない事が沢山あるのがひしひしと伝わってきます。
　そうなのです。
　これから何ヶ月間を異国でロングステイする場合には、これまでの短期間の海外旅行とは違った、それなりの事前準備が必要なのです。正に「備えあれば憂いなし」です。そして、しっかり怠り無く旅支度が出来ましたら、憧れの海外ロングステイに出発です！
　では、楽しい旅の始まりをお祈りいたします。

　筆者の40数年に亘る旅行会社（JTB）での実務知識と海外での実体験を体系的に纏めて、これからロングステイを志向されている皆さんに、実践的なお役に立ちたい。未だに決心しかねている人には、「安心して行ってらっしゃい」と勇気付けて差し上げたい。
　そんな思いから、今回、これまで集めていた現地メモや資料類を整理して、1冊の本に編集してみました。読者の皆さんから忌憚の無いご批判を賜わりたい。

CONTENTS

はじめに		002

Part 1　準 備 編 — 011

Step 1	どの国にロングステイするか	012
Step 2	いつ頃、どの位滞在するのが良いか	019
Step 3	出掛ける前に準備！① 〜家政の把握と整理〜	025
Step 4	出掛ける前に準備！② 〜家計の整理と再設計〜	033
Step 5	出掛ける前に準備！③ 〜情報収集と渡航準備〜	045
Step 6	プロが薦める最終Check 〜何を持って行ったらいいのか？〜	057
Column ▶	プロが薦めるロングステイ先 Best10	066

Part 2　実 践 編 — 069

Chapter Ⅰ	おだやかな多民族都市「**クアラルンプール**」	070
Chapter Ⅱ	豊かな自然と調和した街「**バンクーバー**」	100
Chapter Ⅲ	英国風のコスモポリタンな街「**シドニー**」	128
Chapter Ⅳ	日本最南端の自然文化リゾート「**石垣島**」	156

あとがき	172

Part.1

準備編

Step1

どの国に
ロングステイするか

マレーシア
ペナン島のコンドミニアム

ロングステイに最適な国を選ぶ基準は？

　ロングステイに適した国は何処なのでしょうか。

　先ず、自分が行きたい国、長期滞在してみたい国を選んでみる事から始めます。

　どなたも、これまでに旅した経験から、一度じっくりと滞在してみたい国や都市はあるでしょうし、あるいはこれまで行った事の無い国でも、自分の尺度で好きな国、憧れている国から選ぶのも良いでしょう。その中から、長期滞在に適しているかどうか、色んな条件を少しずつ絞っていくのが現実的な選択だと思います。さらに客観的なデータを加味して、最初に訪問したい国を幾つか選択してみては如何でしょうか。

　ここに大変参考になる選択基準があります。財団法人ロングステイ財団の調査がそれです。このアンケート調査の中で、「ロングステイしたい国を選ぶ理由」を聞いたところ、滞在地の選択理由の上位は、次の通りです。

① 好きな国
② 治安の良さ
③ 物価の安さ
④ 大自然の素晴しさ

　この選択理由を少し分析してみましょう。
　先ず、①の「好きな国」を選択するのは最も納得出来る理由ではないでしょうか。やはり長期滞在となると自分の最も好きな国に行きたい。この選択は、ハワイや欧州各国が多くの海外旅行者の人気国として、常に上位にランクされるのと相似形です。事実、ロングステイ財団調査の初期（1992年）の頃は、ハワイ、カナダ、オーストラリアに加え、スイス、英国、フランス、スペインが人気の上位にランクされてました。この頃は、未だロングステイが、多くの国民にとっては「憧れの対象」であった頃の時代背景を考えると「なるほど」と得心が出来ます。
　次に、②の「治安の良さ」については、極めて現実的で切実な問題です。特に現地滞在中にテロ等の大きなアクシデントに遭遇する事は、何としても避けなければなりません。各国の国情もありますが、東南アジア各国は政情が不安定な国も結構見受けられます。2008年11月にも、タイの新バンコク国際空港がデモ隊に占拠され、多くの日本人が帰国出来ずに長期に亘って足止めされた事件は、日本でも大きく報道されましたので、記憶に残っておられる方も多いと思います。その他にも過去数年を遡れば、インドネシア・バリ島での大型テロ事件や、フィリピンでの誘拐事件の頻発、中国・上海での反日デモの暴徒化等、心配な事件が多く発生しています。ですから、基本的に治安の悪いと危惧される国はなるべく避けたいと考えるのは、自然の成り行きです。

更に、③の「物価の安さ」も選択肢として大事です。長期滞在となると、日々の現地での生活経費が大きなウエートを占めてきますから、なるべく物価の安い国を探したい気持ちは、自然な発想と理解出来ます。ましてや年金受給者にロングステイ志向が強い時流を考えますと、この点ではやはり東南アジア各国の物価の安さは出色といえましょう。マレーシア、インドネシア、タイ、フィリピン、ベトナム等の人気が高くなってきている近年の傾向は、他の理由もさりながら、やはり東南アジアの物価の安さは「特筆モノ」と考えている人が多いと理解出来ます。

加えて、2008年来の外国為替の乱高下も悩ましい問題です。近年顕著に進んだユーロ高／円安現象は、欧州旅行者の懐を直撃しました。数年前に比べて、30～40％前後のユーロ高はもともと物価高の欧州各国での滞在費や買物の円換算で考えると、途方もなく高い生活費になってしまいます。近年、欧州各国へのロングステイ希望者が、相対的に少なくなってきた理由も、この辺の問題が大きいのではないでしょうか。

また一方で、オーストラリアドルやカナダドル等の資源国通貨が、2008年になって円に対して急騰した結果、前年に比べて10％以上の円安現象が起きました。その影響もあり現地滞在費は大幅に上昇する結果を招きました。

このように、外国為替の変動は、これからの世界経済を見通しながら、大いに注目しておく事が大事です。

最後に、④の「大自然の素晴らしさ」も海外旅行の大きな魅力の一つです。日本には見られない雄大な大自然を間近に満喫出来る国は多くあります。カナダ、スイス、ニュージーランド、オーストラリア、米国本土の人気が高いのも、雄大な大自然のゆえともいえましょう。

ロングステイしたい国は何処か？

ロングステイ希望滞在国調査

順位	2004年調査	2006年調査	2008年最新調査
1位	オーストラリア	オーストラリア	マレーシア
2位	マレーシア	マレーシア	オーストラリア
3位	ハワイ	ハワイ	タイ
4位	カナダ	ニュージーランド	ハワイ
5位	タイ	タイ	ニュージーランド
6位	スペイン	カナダ	カナダ
7位	アメリカ（本土）	スペイン	フィリピン
8位	イギリス	イギリス	インドネシア
9位	ニュージーランド	アメリカ（本土）	スペイン
10位	フィリピン	フィリピン／フランス	アメリカ（本土）

出典：財団法人ロングステイ財団調査より抜粋

　上の表はロングステイ財団が毎年行っている「滞在したい国」調査の抜粋ですが、滞在したい国・地域の人気は毎年の調査で、少しずつ変化しています。しかし、オーストラリア、マレーシア、タイ、ハワイ、ニュージーランド、カナダの6ヶ国・地域が、不動の人気を保っており、7位以下とは希望者数において大差が付いているそうです。特に、2007年、2008年と2年連続でトップになったマレーシアの人気上昇が目立ちます。これらのロングステイ人気国は、何れも「好きな国」、「治安の良さ」、「物価の安さ」、「大自然の素晴しさ」の何れかを複数兼ね備えている国々といえましょう。

　これまで見てきたロングステイ財団の調査結果の検証を踏まえ、実際にロングステイに最適な国を選ぶ基準を考えてみましょう。
　人それぞれに、いろいろな選択肢をお持ちだと思います。一般的

には、前述の四つの理由をベースにして、他にも、「異文化に興味がある」「避暑・避寒がしたい」「好きな国に住みたい」「気分転換に行きたい」「年金の有効活用のため」「健康の問題」等々、「自分流の選択基準」を作って、これから行きたい国を選別して下さい。

ご参考までに、筆者の考えるロングステイ滞在地の選択基準を次に列挙しておきます。
① 治安の良さ
② 物価の安さ
③ 親日的
④ 英語が通じやすい
⑤ 国として好感度が高い

「治安の良さ」という事

筆者が、滞在先を選ぶ場合に一番気を付けている点は、この治安が良い国かどうかです。先述のロングステイ財団調査でも２番目の理由に入っていますが、筆者の考えでは、何はともあれ安全で治安が良いかどうか。これはロングステイするにあたって、最も重視して頂きたい要素と考えていますので、少々付け加えておきます。

添乗員が付いた周遊型旅行では、それ程自由行動時間もありませんし、いざという時には添乗員が適切に対応してくれますから、まあ安心です。しかし、ロングステイとなると基本的には全期間を通して個人行動です。事故や事件に巻き込まれても原則として自己責任の世界です。ですから１人歩きしていても安全な国や都市、テロや暴動の発生しにくい治安の良い国や地域から滞在先を選ぶのは、基本中の基本です。ましてや年配者の判断力や行動力は少しずつ衰えがちです。「君子危うきに近寄らず」です。

この見方からいえば、最近、治安に不安のあるタイ、インドネシア、フィリピン等は他の要素でどれだけ魅力が大きくても、筆者は極力長期滞在は避けたい国と考えています。

　次に「**物価の安さ**」という基準は、ロングステイ財団の調査内容の検討でも触れておきましたので、理解が深まっていると思います。また、「**親日的**」はどなたも納得出来るでしょうから付言は避けます。

「英語が通じやすい」という事
　次に④にあげた「英語が通じやすい」はどうでしょうか。この理由は、ロングステイ財団の調査には登場していない基準ですが、筆者は極めて重要な要素と考えていますので、以下に少し解説しておきます。
　筆者を含めて日本人は外国語会話が苦手な国民ですが、それ程英会話に堪能では無い人でも、大多数の日本人は簡単な英語表記を読む事が出来ると思います。
　現地に長期滞在してみると、日常生活で簡単な英会話が通じる、道路標識や案内看板等に英語も併記されている、英語の地図やパンフレットが手に入りやすい等は大変重要な要素だと実感出来ます。
　特に外出先で道に迷ったり、何かを聞きたかったりした時には、付近にいる現地住民との意思疎通はどうしても欠かせません。そんな時に、例えお互い覚束ない英語であっても、この「英語が通じるかどうか」はすごく大事なポイントになってきます。
　タイやインドネシアも日本人には人気の高い、魅力的な国ですが、一般国民（特に庶民）には、それ程英語が通じませんし、英語の表示も多くはありません。これは滞在先を決める時に考慮頂きた

い重要な要素だと思います。
　勿論、英語以外の外国語に堪能な方も多いと思います。その場合は、その外国語が通じやすい国を選択基準にする事も大事な要素です。

「国として好感度が高い」という事

　最後に⑤の「国として好感度が高い」とは、どうでしょうか。余りにも漠然とした基準と思われるでしょうが、まあ「好きな国」と同様に理解頂いて結構です。
　その国が好きかどうか、気候が温暖か、湿度はどうか、現地の料理は美味しいか、食材は入手しやすいか、住生活は快適かどうか、大自然や環境に恵まれているか、芸術の香りが高いか、民度はどうか等々、総合的に見て魅力的かどうか、といった大まかな尺度です。
　いってみれば「好き、嫌い」の世界ともいえますから、これはもう個々人の感性によって、その判断基準は大きく左右されます。

　要は、御一人ごとに、これまで解説してきた幾つかの選択基準を参考にしながら、自分に合った尺度を作ってみて、その尺度に沿って各国を比較検討し、自分の滞在する国を選択していく事をお勧めいたします。

カナダ
バンクーバー島の春を彩る花々

Step2

いつ頃、どの位
滞在するのが良いか

滞在時期はどう決めるか？

　滞在時期の選択は、個人的な都合や希望の季節を最優先して決めると良いでしょう。

　筆者は次にあげる三つのポイントを重視して選んでいます。

①滞在先の気候がベストの季節を選ぶ

　第1に、滞在先の気候がどうかは重要な条件です。

　例えば、常夏の国といわれ、1年を通して人気の高いハワイでも、1月から2月に掛けては降雨の日や風の強い日も多く、それ程快適な季節ではありません。

　この様に滞在先の気候は、日本のような四季が無い国でも、季節によって結構気候の変化が大きいので、その点を良くチェックしておくべきでしょう。

　私が長期滞在したことのある3ヶ国の気候の特徴を参考までに記しておきます。

・マレーシアの気候の特徴

　赤道直近の国なので、相当に暑いと誤解されますが、首都クアラ

準備編・Step2
いつ頃、どの位滞在するのが良いか

ルンプールは1年を通じて最高気温は29℃までといわれており、平均21℃〜29℃の気温では、ジリジリと焼けるような熱帯の暑さを感じる事は少なく、日中に必ず1度はやってくる激しいスコールの後の爽快さは格別です。

但し、マレーシア全体では、モンスーン気候帯に属するため、地域によってはかなり気候の変化もあります。他地域に滞在の場合は、雨季があり、海も荒れる時期があるので、この点にも留意が必要です。また、熱帯地方だといっても油断は禁物です。中部山岳地帯にある日本人にも馴染みの避暑地キャメロンハイランドの冬期は結構冷え込みます。筆者が滞在した2006年1月は毎日寒い程で、セーターは必需品でした。

・カナダ太平洋岸の気候の特徴

世界でも住みたい都市No.1といわれるバンクーバーは、ロシアのサハリン中部と同緯度で、北海道よりかなり北に位置してますが、メキシコ暖流のお陰で、比較的温暖で爽やかな気候です。しかし、やはり冬はジトジトした雨の日も多く、それなりに寒いのです。

筆者は2007年の4月末から3ヶ月を当地で過ごしましたが、5月末まではまだまだ冷え込む日も多く、近郊の山々には残雪も多く見られました。カナダの滞在時期は季節を選んで、慎重に検討して行く必要がありましょう。

・オーストラリア東海岸の気候の特徴

赤道を挟んで南半球にあるオーストラリアは、日本の冬季が、反対に夏の季節です。避寒を目的に選ばれる事の多いオーストラリア東海岸の中でも、熱帯に近いケアンズやゴールドコーストと、温和な気候で知られるシドニーとでは、かなり気候に差異が見られます。特にケアンズの夏の季節は、湿度が高く蒸し暑いので、要注意です。その点、シドニーは1年を通して気候が安定しており、あま

り気候を気にする事もない、数少ないロングステイの好適地です。筆者は2007年の1月から2月に掛けて1ヶ月の滞在でしたが、毎日快晴の日が続き、誠に快適な日々を満喫する事が出来ました。

②日本の嫌いな季節に脱出する

　滞在時期を決める上で、気候、季節の要因は滞在先のみではありません。

　日本の気候で住み心地の良くない季節、あるいは嫌いな季節に、日本を脱出して快適な気候の地を選んでロングステイする事も賢い選択です。

　日本の冬の寒い季節を避けてマレーシアやオーストラリアの温暖な地で過ごしたり、日本の梅雨の季節や酷暑の夏を避けて、降雨や酷暑の少ないカナダやハワイに出掛けたりするのも魅力的な選択と思います。

　気候が良くて、美味しいものが出回る日本の春季や秋季の素晴しさは、世界中でも飛び抜けて魅力的な季節なのですから、敢えてこの素敵な季節に、日本を長期間空ける事も無いでしょう。

③滞在先のピークシーズンを外して出掛ける

　最後に考慮すべきは、滞在先での住居費との関連です。一番良い季節に滞在したいのは何処の国の人も同じです。そこから派生してくる問題は、ピーク時の滞在費が需給の関係で、かなり高騰する事です。特にこの傾向はカナダのバンクーバーやオーストラリアのシドニーに顕著です。

　住み良い季節には、世界中から、あるいは国内の他の地域から、長期滞在者が数多く押し寄せて来ます。現地在住の人のお勧めは、このピーク時期を少々外して滞在する事だそうです。特に現地の学生の夏休み時期は避ける方が賢明とか。この夏休み期間にはその国の人々も家族連れで、適地を求めて長期間の滞在先を探しているか

準備編・Step2
いつ頃、どの位滞在するのが良いか

らです。

　オフ期とピーク期の賃貸料の差は倍以上になる広告も多く見かけます。この賃貸料の格差が大きい「シーズナリティ問題」は、ロングステイ先を決める上で、結構大きな問題だと思います。

滞在期間の決め方
①下見旅行
　一般的には、先ず滞在先を決めても、夫婦のどちらかにロングステイに不安な気持ちが残る場合には、「ロングステイ財団」が勧める現地下見旅行に参加してみると自信が付くでしょう。
　多くの旅行会社が人気の国へ幾種類もの下見ツアーを実施しており、かなりの人が参加してます。私達も現地で、幾組もの下見旅行の方々とお会いして、多くの質問を受ける機会がありました。
　期間も１〜２週間程の手頃な期間です。ただ余り駆け足的な下見旅行は効果がありませんから避けましょう。なるべく現地でロングステイしている人々の生活実態に触れ、話も聞ける等の行程が組み込まれたプランを選び、観光コースが多いものは避ける事です。少しでも現地生活の実情を把握して、種々の不安を取り去る為の下見旅行とする事です。
②１ヶ月程度の滞在
　最初のロングステイは、下見を兼ねて１ヶ月程度に止める人が多いようです。
　過去に現地駐在等で長期間滞在した経験を持つ場合などを除き、最初から半年以上の長期滞在を始めるのはリスクが大きすぎます。その点、しばらく滞在してみて、その街の様子や、食材等の買物、乗り物に慣れる、国民性を肌で実感出来るなどは、２週間から１ヶ月あれば十分です。自分の目と足と舌で、その街が気に入ったな

ら、改めてさらに長期間滞在するのが賢明でしょう。

　なお、長期滞在用の施設は何処の国でもおおむね「1ヶ月単位」以上の賃貸が原則です。1ヶ月以内の滞在では、ホテルかサービスアパートメントなどと呼ばれるホテル機能に近い施設にならざるを得ません。その分、割高になる点には注意しましょう。

③ 3ヶ月以内の滞在

　最初から長期滞在を意識するのであれば、3ヶ月までが妥当と思います。

　これだけの期間があれば、滞在先の実情にも精通し、その国の中も結構自由に歩き回る事も出来る様になります。日々の買物にも慣れ、現地の食材を利用した和食の調理にも精を出せるようになります。

　3ヶ月が一つの区切りという理由は他にもあります。

　殆どの国では、3ヶ月まではビザ無しで滞在が可能だからです。3ヶ月を過ぎると通常は長期滞在用のビザを取らなければなりません。多くの国ではロングステイ希望者に必要なビザを発給する優遇制度を設け始めておりますが、このロングステイヤー向けの「長期滞在ビザ」を取得するには、結構面倒な手続きを必要とします。

　筆者のこれまでの体験からいっても、3ヶ月目になると、少々「御国」が恋しくなるものです。留守宅の事、家族の事、美味しい日本食の事。温泉に入る夢を見たり、望郷の想いが少しずつ生じてきたりします。ここで1度帰国して、さらに長期間滞在に自信が持てる様なら、半年とか1年の長期滞在に踏み切るのが無理の無い手順ではないでしょうか。

④ 半年以上の滞在、そして永住

　「退職したら日本の自宅を売却して海外で割安な住宅を購入して、その地に永住してしまう。」そんな人々を面白おかしく扱うTV番

準備編・Step2
いつ頃、どの位滞在するのが良いか

組を見かけますが、これは極端で、稀なケースです。過去に海外駐在していたとか、仕事で何度も訪問していてその地の諸事情に精通している人、あるいは現地で事業に成功した人達にしか取れない特別な選択肢です。

特に夫婦揃って住いを海外に移す場合には、医療を含めた老後終末期の事、極端な場合、現地で死亡してしまったら、その財産処分や遺体の措置等にはかなり面倒な対応が必要です。

例えば、マレーシアでは、死亡した夫の名義の預金は妻でも引き出せない、イスラム圏での遺体焼却問題、さらに遺体や遺骨の日本への搬送問題とか、残された人にとって手続きの厄介な問題が沢山残ります。

仮に現地が気に入って、安くて快適な住居の購入が出来ても、日本の自宅の処分は余程慎重に考えるべきでしょう。始めから永住する事に余り拘らず、まあ、半年くらいの単位で、日本と現地の生活を順繰りに繰返す方が無難なのではないでしょうか。

オーストラリア
シドニー郊外に生息する野生のカンガルー

Step3

出掛ける前に準備！①
~家政の把握と整理~

我が家の家政の把握と整理
①年間の収入・支出の計算

　通常、自営業を除く多くのサラリーマン（役員経験者も含めて）にとって、リタイアしてからの一番の関心事は、一体、年間どれ位のお金があれば、それなりの生活が出来るのだろうか？　ロングステイに出掛ける余裕はあるのだろうか？　年金を含めて自由に出来るお金はどれ位確保出来るのだろうか？　という事ではないでしょうか。

　現役時代の潤沢な収入は夢まぼろし。多くの人は、これからは限られた年金をベースにして生活設計する訳ですから、奥様任せにしないで、夫婦でよく相談して家計の再設計をする事が大事です。その為には、リタイアしてから取り組む最初の仕事は、年間の収入・支出の大雑把な目安を早めに見極め、収支バランスの取れた安定的な消費生活のリズムを早く作り上げる事です。

②リタイア初年度・2年度の収支計算

　ところが厄介な事に、この年間収支の把握は非常に難しい作業で

す。何故なら、退職日が1月1日でもない限り、年の途中からリタイア後の新生活のスタートをするのが普通です。従って、このリタイア初年度の収入は給与・ボーナス・退職金・年金が混在していて実勢の把握が結構困難なのです。

　では次年度はどうか？　これもなかなか正確には把握出来ません。リタイア2年目の収入は年金を含め、ほぼ把握出来る様になりますが、支出は早い時期にはっきり把握出来ないのです。

　その理由は、まず所得税・住民税は前年度の収入に対して課税されますから、5月に納税通知書を貰ってギョッとします。ビックリする程の高額通知です。さらに国民健康保険は7月頃に通知がきますが、これも前年の収入に従って算定されますから、結構高めの保険料になります。また確定申告の結果が出るまで、幾ら国税還付されるかも不確かです。

　つまりリタイア2年度は、これらを年金から加減した残額（つまり「自由になる金」）は意外なほど少ないのです。

　ですからリタイア後の年金生活に入って収支の目安がほぼ正確に立てられるのは、何とリタイア後3年目からなのです。

③リタイア初年度・2年度の「月額生活費」の算出

　従って、当面の2年間は、ロングステイの経費をどう捻出するかも含めて、リタイア初年度、2年度の生活設計を立てなければなりません。

　まず、年金収入額等とのバランスを考えながら、1月から12月までの1年間に自由に使いたい生活費の総額を想定してみましょう。無理の無い「消費希望額」を出して、想定年金ネット収入と各種積立金等を取り崩して補填するお金の総額を目の子計算します。これを12等分して月々の生活費予算を決めて行きます。当然の事ですが、現役時代とは思想をガラリと変えて、極力支出を押さえる

努力が必要です。

　大事なことは、この月々の生活に必要な生活費は「**毎月定額**」にして変動させない事です。過不足は12月末に年間を通して精算します。足りない額は「特別補填」として「**特別経費**」に計上し、その年度内に処理します。上手い具合に、生活費が余った場合には、「剰余金」として次年度会計に繰り越します。この精算結果を見てから、翌年の「月額生活費」の増減を決めて行きます。

　当初の計算通りには行かず、赤字が膨らんで切羽詰った時は別として、この自分で決めた毎月定額の「月額生活費」の範囲内で、普段の生活を切り詰めていく努力を一所懸命する事が、リタイア後の生活では大事ではないでしょうか。

生活経費と特別経費の仕分け方

　筆者は前項の必要な生活費を**生活経費**と呼び、毎月初めに定額の生活経費を**家計簿用の銀行（Ａ口座）**に振り込んでおります。生活経費では賄いきれない高額な支出、例えば海外旅行とか自宅の修繕費、それにロングステイの費用はどうするか？　これ等は**特別経費**として、退職金とかその他の積立金を取り崩して支出する様にします。

　「生活経費」と「特別経費」の仕分けは各家庭の家計規模によって変わってくるでしょう。我が家では、月々の生活経費の変動を極力小さく押さえる為に、通常10万円を越える支出は特別経費に仕分けております。この特別経費は、**年金振込用の銀行（Ｂ口座）**を利用して出し入れし、家計簿用銀行口座（Ａ口座）とは区分けして支出する事にしております。

　この様に、先ずは「生活経費」と「特別経費」を別々に仕分けして、「**家計簿用口座**」、「**年金及び特別経費用口座**」の２口の銀行口

準備編・Step3
出掛ける前に準備！① 〜家政の把握と整理〜

座を使い分けて、リタイア生活を始めることをお勧めします。この銀行口座使い分けの具体的な方法は、別の項で詳しく説明します。

ロングステイ期間（自宅不在時）の家計対策
　ロングステイの為に、1ヶ月とか3ヶ月とか長期間、自宅を離れていても支払うべき費用は結構あります。この不在時の家計の正確な把握は、ロングステイには絶対欠かせない対策です。例を挙げると不在時でも掛かる電気・水道等の「光熱水費」、住民税、固定資産税等の「諸税」、月掛けの生命保険、国民健康保険等の「保険金」等です。忘れがちなのは、年に1度の諸会費や年払い保険金等です。NHK受信料もあります。これ等は事前に整理して支払い月、金額を把握しておきましょう。
　これらの支払いはなるべく**銀行口座からの自動振替**、又は**クレジットカード決済**にしておき、月初めに振込む「生活経費」から自動引落しすると便利で、不払い事故も防げます。
　ロングステイで自宅不在時の食費・小遣い等は事前に「決まり」を作っておいて家計簿用口座から引出して現地ファンドとして持参します。我が家の場合、不在時の銀行引落しに支障が無い限り、この金額を月15万円に決めて引出し、現地の生活経費の一部に充当してます。

不在時の「持ち家管理」をどうするか。〜防犯対策をしっかりと〜
　海外ロングステイはいずれ帰国する事が前提ですから、留守中の自宅の管理は、悩ましい問題です。同居のお子さん等の親族が居れば、その人に管理を依頼出来ますが、同居人が居なくて、完全不在になる場合には、盗難を含めてセキュリティー対策はしっかりとしておく事が肝心です。

①警備会社の活用
　最近は短期間でも警備を引き受けてくれる警備会社が大手を含めて増えてきましたので、警備会社と不在中の短期契約をしておくのが一番でしょう。また、近くにお子さんなどの親族が住んでいる場合には、時々見回りにきて貰うように依頼する事です。その場合は親しい仲でも、万が一の揉め事を避ける為に、きちんと巡回の回数、チェック箇所等は依頼した時に決めておき、必要なら謝礼額も事前に決める事も大切です。
　我が家は、年間を通して旅行等で不在がちな生活をしてますので、大手警備会社と契約して自宅の内外に監視機器を設置し、常時遠隔監視を依頼してます。この監視機器と連動する玄関の施錠も「乱数式電子ロック」にしてあります。異常事態が発生すると、大きな警報が鳴り響き、直ちに監視センターから通報があり、警備員が15分後には自宅に駆け付けてくれます。
②警報装置付き電話機
　簡単なのは、自宅の電話機に警報装置付きを設置する事です。玄関・主要な窓等にセンサーを設置しておき、不在時にセットしておけば、非常時には結構大きな警報が鳴りますし、同時に近くの親族の携帯電話に非常接続出来るようにも設定出来ます。この簡易装置は我が別荘に設置してます。
③シルバー人材センターの活用
　最後に、地元のシルバー人材センターの活用について触れておきます。
　自宅を長く空けていると、庭の雑草が結構な勢いで増えていきます。空き巣狙いのドロボーは何時も狙えそうな家を巡回していて、雑草が多いとか、郵便受けが満杯とか、玄関前の除雪をしていないのを見付けると、侵入のターゲットにすると聞きます。

準備編・Step3
出掛ける前に準備！① ～家政の把握と整理～

　そこで、我が家では普段から地元のシルバー人材センターに、不在中の草むしりや芝生の手入れ、冬の玄関周りの除雪等を依頼してます。何時も決まったオジさんが来てくれますので、勝手が分っており非常に重宝しております。おまけに防犯上の効果も見逃せません。それと経費も驚くほど安く挙がりますので、これはお勧めです。経費の精算は長期間の不在時は概算の前金を振り込んでおきますが、話し合いで帰国後全額支払いも可能です。

　要はご自分に合った防犯対策を取る事です。それと銀行通帳・貴金属類等の重要な品は、自宅ではしっかりした耐火式金庫に収納したり、取引銀行の貸し金庫に預けたりして、極力他人の目から隔離しておく事も、基本的な防犯対策の一つです。

必須の各種申告事項の把握と手続き
　年間を通して手続きを済ませておかなければならない事項も大事です。
　なるべくその時期には在宅している方が無難でしょう。夫々の家庭によって、違うと思いますが、出来れば月別に重要項目を整理して一覧表を作成しておくと便利です。
　我が家の例を参考までに記しますと、3月の確定申告、8月の国民健康保険証受領、12月の「年金受給権者現況届」提出（平成19年分から「国民年金・厚生年金の現況届」は廃止になりました）の3件は在宅必須項目にしています。これ等は原則「代理人処理」は出来ませんので、この時期にはロングステイは避けて、なるべく自宅に留まる様にしています。
　それと何年かに1回の金融機関・クレジットカード会社の更新カード等は「転送不可」で配達されます。不在ですと発送元へ返送さ

れますので、注意が必要です。

　カードや健康保険証を提示した時に、有効期限が切れていて、「無効」を指摘されて慌てた経験はありませんか？　ロングステイをしていると、こんな「うっかりミス」も生じ易いのです。

不在時の配達品対策
①郵便物
　郵便局には不在期間を届けて、お子さんや親族宅に「**転送手続き**」（最大限１年間まで）をしておくと便利です。重要と思しき郵便物は、事前に転送先に依頼しておき、開封して代理で必要事項を書き込んで返送してもらうとか、相手先に海外ロングステイ中の事情を話して対応策を取る事も可能です。

　一番簡単なのは「局留め」手続きをしておく事です。これだと帰国した時点で、局留めの郵便物が指定日に一括配達されます。但しこの局留めのネックは最大30日間の期間限定なので、１ヶ月以上のロングステイには不向きです。

②宅急便
　宅急便は頭痛の種です。頻繁にきてくれる会社には予め連絡しておくと、腐りやすい「生物」は直ちに送り主に返送してくれますし、最近では荷物の留め置きをしてくれる会社もあるので、一度各社のサービスセンターなどで確認してみましょう。

　最近増えてきた「DMまがい」のモノは、玄関脇の目立たない所に置いておくように依頼してますが、完全には徹底出来ません。たまに見回りを依頼出来る人がいれば、此れを処理してくれるのですが。

　我が家でも、これが目下一番の頭痛の種です。

③新聞購読の一時中止

　これも出発前日までには必ず励行します。これは防犯上からも必須です。肝心な事は、不在中にポストや新聞受けに郵便物や新聞等が貯まらない様な対策を必ず実行する事です。

ペット対策は頭痛の種

　犬、猫、小鳥等のペットを飼っている家庭が多いと思います。ロングステイの場合は、このペットをどうするかも頭痛の種です。我が家にも老いた室内犬がおります。

　その場合、近くにお子さんや親族がいれば、ここで預かって貰うのが一番手っ取り早い対策です。

　日頃から、ちょっと長めの旅行に出掛ける時にペットをどうするか、事前に対策を考えておかなければなりません。

　我が家の例ですが、近くの街に住む娘夫婦の所に老犬を預けています。娘が犬大好き人間なので、救われてます。とはいってもこのペットを他人に預けるのは大いに気が引けるものです。

　ある旅行仲間の友人の例を挙げますと、旅行の度に、ペットショップに愛犬を預けるそうですが、費用も結構掛かり大変なようです。旅行中は気もそぞろ、何時も愛犬の心配をしてます。

　また、別の友人はニューヨーク駐在の時に、愛猫を連れて行きました。こうなると大仕事で、現地でも帰国後も、検疫所に長く留め置かれて検疫検査があり、その手間とお金は大変だったそうです。

オーストラリア
シドニーのベイエリアにある住宅風景

Step4

出掛ける前に準備！②
～家計の整理と再設計～

金融機関（銀行・証券・クレジットカード）口座の整理・解約

　現役時代には、御付合いを含め沢山の金融機関やクレジット会社のカードが増え、1年を通して一度も利用した事の無い銀行通帳やクレジットカードが会社の引出しの中に眠っていたりします。筆者の場合も、ほぼ利用していない口座やカードが束になってありました。

　職場をリタイアした後は、先ず、これらの口座やカードを必要最小限に整理しましょう。大して利用しないのに年会費だけ払うクレジットカード等は、この際、思い切って解約します。

　海外では今や何処でもカード万能時代になりましたが、ロングステイ生活をする上では、世界中で通用するVISAかMASTERの付いた2枚のカードさえあれば、生活上全く問題ありません。

　同様に銀行口座や証券会社も、絞り込みをして必要最小限に集約しましょう。筆者は、リタイア後は家計を整理整頓して、シンプルにする事が大事と考え、ヘソクリ用口座や、現役時代の会社でのしがらみは全部捨てて、「使い勝手の良い」という1点に絞って、銀

行・証券・クレジットカードの口座を夫々2口座に絞り、あとは全て整理・解約しました。

この効果は絶大で、毎月の家計の実態把握に大いに役立っております。

銀行口座2口の使い分け法

筆者は前述の通り、日本では銀行口座を2口運用しております。

一つは、毎月の「生活経費」を入れておく**家計簿用の地方銀行（A口座）**で、自宅周辺に支店が多く、ATMの利用勝手が良い地元銀行です。毎月、定額の生活経費を振込み、毎日の食材費をはじめ、通常生活を営むのに必要な経費は総てこのA口座から支出します。

光熱水費、税金、保険等引落し可能な費目は総てこのA口座からの自動引落しか、クレジットカードでの自動決済にしておくと、ロングステイ等で日本不在中も安心です。

もう一つは、**年金振込用の大手都市銀行（B口座）**です。隔月毎の年金振込みの他、株式の配当金、外国証券利金を含め総ての臨時収入もこのB口座に振込んで貰います。さらに年金では足りない資金を補填する場合や、証券会社から積立金を取り崩す場合も、必ずこのB口座に入金します。

この様に外部からの収入は、総て一旦このB口座に入れてプールする事によって、家計簿用のA口座の支出状況をシンプルに把握する事が出来ます。同様に、ロングステイで不在時にも、A口座をチェックすれば、日本での家計の過不足が判別しやすくなります。

なお、クレジットカード請求書決済や、高額な「特別経費」はB口座から引落します。理由は旅行経費、航空運賃、海外滞在費、現地買物等はクレジットカード決済が多く、中味も特別経費が多いの

で、このＢ口座を利用します。電話料金やガソリン代等のクレジットカード決済分は、月次の請求段階で家計簿用のＡ口座と差し引き精算します。

　この様に、先ずは「生活経費」と「特別経費」をきちんと整理整頓して、「家計簿用口座」、「年金及び特別経費用口座」の２口の口座を使い分け、ロングステイ生活を始めると家計が整然と把握出来て便利です。

　なお、私はもう一つ海外滞在時のみ、**外国銀行（Ｃ口座）**も利用しておりますが、詳しくは別項で解説します。

銀行オンラインサービスの活用法

　日本の銀行は総て「インターネットバンキング」等の愛称で、オンラインサービスを行っています。それぞれの銀行で使い勝手は違いますが、自分の口座の「出入金明細」がパソコン（以下「ＰＣ」と表示します）上で詳細に把握出来ますので、便利この上無しです。この手のサービスはかなり普及してきてますので、利用方法に習熟している方も多いと思いますが、筆者の様なＰＣ初級者の為に少々説明しておきます。

・銀行オンラインサービスの特性
　①銀行窓口に出向かなくても口座からの出し入れ・残高等が自宅で常時把握出来る。
　②ＰＣを通じて振込・振替が簡単に出来る。
　③インターネットオンライン取引には、各行とも振込手数料優遇等のサービスがある。
　④振込、自動引落しの内容・相手先・金額が発生時点で即座に把握出来る。

⑤月末、年末などに残高を確認して、必要な金額を補填・振込が出来る。
⑥他行口座や証券会社口座との資金移動もPC操作で簡単に出来る。
⑦1ヶ月単位に出入金の一覧表示も可能で、これを印刷すると、「月間家計簿」として利用出来る。

なお、重要な事はこの内容は、総て海外のロングステイ先でも、自宅にいる時と同様に何時でも閲覧出来る事です。これ程、ロングステイヤーにとって利便性の高いサービスはありません。私は、自宅のPCを操作して、このオンライン口座管理をしており、海外滞在中もモバイルPCを持参して、銀行口座の出入金チェックと必要な振込み等の操作を続けてます。

お得なクレジットカードの徹底活用術
①海外ではVISAかMASTER

近年、日本でもクレジットカードの利便性は高まってきてますが、これは海外でも同様ですし、発展途上国でも日本以上にカード社会を実現している国も多くあります。

カード利用はどんどん便利になってきてますので、海外旅行先では、お支払いは原則カード提示から始める事をお勧めします。

海外で通用するカードはVISA、MASTER、DINERS、AMEX、JCBの5大勢力に分けられます。夫々のカード会社の特徴はさておき、今日では、ほぼ世界の勢力図は決まった感があります。すなわちVISAかMASTERのマークが付いているカードを持参していれば、全世界でほぼ用が足ります。他のカードでは、受け取り不可の都市やお店もママある事に留意しましょう。

ですから、海外ロングステイする場合は、VISA か MASTER のマークが付いている2枚のカードを持参すれば十分といえます。

②日本でも VISA か MASTER

日本では、上記 VISA か MASTER、JCBのマーク付きのカードが主流ですが、その中から、一番使い勝手が良く、マイレージ特典などの魅力が大きいカードを2枚所持していれば事足りる訳です。

筆者は外出時には、VISA と MASTER マーク付きの航空会社系の2枚のカードを常時携帯してます。国内での支払いでも、可能な所では総てカード決済を励行します。飲食店、高速道通行料、ガソリン代も総て先ずカードを提示してみます。

所持する2枚のカードのどちらを利用するかは個々人の利用ポリシーですが、請求内容を集約して把握する為には、何時も優先的に利用するカードを決めておいて、このカードを集中利用する事をお勧めします。散漫に複数のカードを適宜利用していると、後で述べるカード利用上の「特典ポイント」獲得にも大きく影響します。中途半端な利用の結果、獲得ポイントが無効になる事も生じます。

③航空会社系カード　〜利便性の大本命〜

筆者はリタイア後に、大手航空会社系（JAL、ANA）のカード2枚に絞り、他のカードは総て解約しました。その理由は、その「利便性」の大きさに尽きます。

国内旅行・海外旅行を含め、この2社便の利用頻度が非常に多い上、搭乗したら「マイレージポイント」が付与されます。JAL・ANA 共、世界的な「国際航空連合（アライアンス）」（国際航空会社同盟のような組織）に加盟しているので、加盟している外国航空会社便搭乗で獲得した「マイレージポイント」も利用出来ます。

その上、国内外で買物や支払いした金額（航空券代金の支払いを含め）に応じて、月単位のカード利用請求金総額に対して「マイレ

ージポイント」が付与されるのです。

④「マイレージ特典航空券」利用術
　この航空会社系カードの最大の魅力は、「マイレージ特典航空券」を利用出来るサービスがある事です。溜まった特典マイレージのポイント数に応じて、国内線、国際線に無料で往復搭乗出来る訳ですから、旅行好きの人には大変魅力的な特典制度です。
　この「マイレージ特典航空券」は、他業種系カードとの差別化に大きく寄与していると思われます。
　「塵も積もれば山」の例え通り、筆者の例では、夫婦二人で「ゴールドカード」を持っているので、何処でもカード支払いを最優先とします。どんな小額な買物でも先ずはカードを提示してみます。月々のカード利用請求金総額を積み上げて行けば、年間では相当な特典マイレージポイントが溜まります。住んでいる北海道から上京する場合でも、主としてこの「無料特典航空券」を利用しています。
　マレーシアでのロングステイの時には、夫婦とも、千歳／関西空港／クアラルンプール間の往復航空券は、この特典航空券利用で済ませる事が出来ました。直近のバンクーバーロングステイの時には、妻はビジネスクラス特典往復航空券を利用しました。
　この様に航空会社系のカード利用の利便性は、大変大きいものといえましょう。

銀行自動振込・クレジットカード決済の励行
～うっかり不払いを避ける為に～
　ロングステイを含め、長期間自宅を空けてますと、月々発生する光熱水費、税金、保険等の支払い問題が厄介です。うっかり忘れて

「不払い」になると、後の処理に結構手間が掛かります。

その対策としては、引落し可能な費目は総て銀行口座からの自動引落しか、クレジットカードでの自動決済にしておくと、ロングステイ等で日本不在中も安心で便利です。

また、可能なものは総て銀行自動振込・クレジットカード決済にしてます。

①銀行自動振込費目

その費目を列挙しますと、先述した家計簿用A口座から水道、ガス・灯油、新聞購読料、セキュリテイ管理費、月極め購入品、各種会員会費、国民健康保険を含む各種保険、妻の国民年金、等が自動振込です。税金（固定資産税、地方税、自動車税）も総て自動振込です。

自動振込が出来ないのは、町内会費、シルバー人材センター作業費の２件のみです。

②クレジットカード決済費目

なお、最近は、クレジットカード決済可能な費目が増えてきてます。2007年度からは国民年金保険料のカード決済が可能となりましたし、近々各種税金もカード決済が可能になるでしょう。

銀行決済に比べてカード決済は、特典マイレージポイント付与が可能だったり、カード会社のWeb上で、請求予定金額が常時把握出来たり、事前に月次請求書の支払い予告があるというメリットがあるので、カード決済出来る費目は、順次、カードへ移行手続きする様にしてます。

現在、我が家でカード決済されているのは、電気料金、固定電話料金、携帯電話料金、インターネット接続料、長距離電話会社の通話料、高速道ETC通行料、JAF等各種年会費、NHK受信料で、先述の年金振込用のB口座で決済し、翌月A口座（「生活経費」用）

準備編・Step4
出掛ける前に準備！②　～家計の整理と再設計～

と差し引き精算してます。

　この様に一度決済手続きを済ませてしまえば、当方から中止の申し出をしない限り、自動振込・自動決済は継続されるのも、誠に便利です。

定期的支払い予定費目の把握
～銀行口座の残高不足を避けるために～

　ロングステイで日本を離れていて、気になるのは「銀行口座の残高は足りているだろうか」という事です。

　出国前に潤沢な資金を入金しておけば事足りるのですが、年金族としてはそう簡単にいきません。その為にも、ロングステイで不在の間に、どの位の銀行振込やカード決済が行われるのかを事前に予測を立て、「残高不足」にならない様な準備をする必要があります。

　我が家の例では、光熱水費・税金等毎月引き落される金額を整理して年間の「引き落し一覧表」を作成してます。この12分の1が、月例の必要最小限の定期的な支払いと想定して、日本不在中は、月初めの必要残高として事前に余裕を見て入金してます。

　この入金は、次項で述べますが、最近では滞在先へ持参のモバイルPCから振込手続きを済ませ、帰国後に内容を精査して上で、必要に応じ補填等の精算をしてます。

モバイルパソコンはロングステイの必需品
①今や、パソコン（PC）は大事な生活ツール

　近年のPCの普及は凄まじく、家庭でもPCは生活の必需品になりつつあり、大多数の中高年もPCに馴染んできているといっても過言では無いでしょう。

　我が家では妻と二人並んでPCと睨めっこの毎日です。遠くの友

人達とのメール交換、銀行・証券会社との取引、旅行や航空便・ホテルの予約、ヤフーや楽天などの買物等、自宅に居ながらにして、かなりの事はPC操作で済ませる生活です。田舎に住んでいても、それ程不自由しない生活が送れるのも、PCの存在が大きいといえます。

②ロングステイ先にモバイルPCを持参する利便性

　最初のマレーシアへロングステイに出掛ける準備段階で、IT通の友人から「モバイルPC」の持参を強く勧められました。携帯するのに便利な機種を選定してもらい、思い切って現地に持参してみました。当然の事ながら現地で暮らす先のPC環境が整っている事が条件になります。マレーシアの3ヶ所のコンドミニアムや他にも数回リゾートホテルに滞在しましたが、PC接続にはその都度結構手間取りました。しかし、開通した後は、何時でも日本とインターネットを通じてオンライン通信が可能となり、実に便利な事が納得出来ました。

　日本の自宅に住んでいる時と何ら変わらず、「Google」や「Yahoo!」を通じて日本の最新ニュースが瞬時に取れ、日本の友人達とのやり取りが、時差にも関係無く、何時でも出来るのです。

　勿論、日本の銀行口座の決済状況やクレジットカード決済の詳細も、何時でも閲覧出来ますし、取引銀行口座間の振替・振込、株式のオンライン取引・決済も自由自在です。

　最近では、この利便性に目覚め、ロングステイや国内でのちょっとした旅行にも、必ずこのモバイルPCを持参しています。

③海外現地での接続方法と接続料金

　海外現地での接続方法と接続料金は千差万別ですが、順次利便化、簡便化されており、遠からず世界中何処でも簡単に接続出来るようになるでしょう。

準備編・Step4
出掛ける前に準備！② 〜家計の整理と再設計〜

　個人的な経験をいえば、マレーシアでのPC普及はまだ発展途上の感があります。

　クアラルンプールとペナンの２ヶ所のコンドミニアムでは、LANケーブル端子が部屋まで来ており、接続料は無料でした。リゾートホテルでは、予めカードを購入して利用するケースや、ルームでは接続不可能でビジネスセンターでのみ接続可能なケースが多いのです。

　料金が高かったのは、**シドニー**のサービスアパートメントで、部屋にLANケーブル端子と電話線接続端子はありますが、1時間単位の課金で、1日24時間繋ぐと2,500円程にもなります。これでは長時間繋ぎっ放しという訳には行きません。

　最新の経験では、**カナダ**は何処に行ってもルームに接続端子があり、利用料は無料のケースが殆どです。カナダやお隣のアメリカは、西部の田舎モーテルでも例外なく繋がるインターネット先進国です。カナダで滞在した２ヶ所のコンドミニアムは、接続料金はルームの賃料に含まれていましたので、常時繋ぎっぱなしです。

　国際社会の急速な流れとしては、何処でもPCに接続が可能で、しかも接続料は何処でも無料となって行く事は確実でしょう。種々細かい接続条件は違いますが、日本に居る時と変わらない状態で、PCが利用出来る利便性は誠に捨て難いものです。

　その上、昨今は５万円前後の安価なPC（ネットブック）が出回ってますし、これからロングステイに出掛ける人には、躊躇無くモバイルPCの持参を強くお勧めてします。

④ログインIDとパスワードの備忘禄

　金融機関などのサイトとオンラインで繋ぐと、必ず「顧客番号」、「ログインID」、「パスワード」等、個々の口座別に特定の番号が付与されます。これを忘れると自分の口座は開けません。ところが沢

山のHPをオンラインで繋いでいると、パスワードの数も多くなり混乱してしまいます。そこで筆者は備忘の為に、これらの番号を一覧出来る小さな備忘録を作成して、PCと一緒に持参しています。頻繁にこのメモの御世話になりましたので、参考にして下さい。但し、これが他人に見られたり、盗まれたりすると大変な事になりますので、その保管にはくれぐれもご注意下さい。

⑤**海外でのメールチェック簡便法**

　毎日、どんどん飛び込んで来る沢山のメールのチェックは欠かせない作業です。

　「Yahoo!」等にアドレスを持っていれば、世界中でこのアドレスを開ける訳ですが、我が家のデスクトップ型PC2台のメールアドレスは別々に設定しています。

　我が家では、このPC2台と携帯用のノート型モバイルPCを加えた3台相互間を総て連動させて、どのPCにメールが着信しても、他のPCで何時でも開ける様に設定しています。このお陰で、海外でもモバイルPCを持参していれば、日本の自宅PCに着信したメールは総て現地で閲覧出来るので、直ちに海外から返信する事が出来ます。専門的な事は分りませんが、メールチェックをする上でこれはすごく便利です。日本を出る前に設定しておくとすごく重宝します。

⑥**IP電話「Skype」の活用術**

　ロングステイしていて、時折、日本の家族や友人と直に連絡を取りたい事もあります。通常は、滞在中のルームの受話器で国際電話を掛けるか、持参の「国際ローミングサービス付」の携帯電話で掛ける、の2通りの方法があります。しかしいずれも通話料はかなり高額になります。カナダの例では、携帯電話の発着信ともに1分間150円位掛かりました。

準備編・Step4
出掛ける前に準備！② 〜家計の整理と再設計〜

　そこで筆者は、最近、「Skype」という会社のIP電話を利用しています。
　電気屋さんで簡単な受信用マイク付きイヤホンを買ってきてPCからSkype社に接続すると、世界中のSkype加入者と無料で通話が出来ます。音声も普通の電話と変わりません。
　筆者のモバイルPCにはこの通話機能が付いているので、PCに向かって話しかければ、相手の声も聞こえて来る不思議な世界が出現します。カメラ付きもあります。
　日本にいる家族のPCも、この「Skype」に加入していれば、時間に制限の無い長電話が無料で出来ます。海外ロングステイヤーには、大変な朗報です。
　通話相手がSkype未加入でも、予めSkype社に月1,495円を払い込む（クレジットカード決済）と、PCから、日本の固定電話に国際電話が掛けられる「世界中どこでもプラン」というサービスがあります。これなら通常の国際電話よりも、遥かに低廉な料金で済みます。

⑦**写真の取り込みや「iPod」利用にも活躍**
　最後に付け加えますと、良く知られている事ですが、現地で撮影した**デジタルカメラの映像**は、順次PCに取り込んで大量枚数の保管が出来ますし、日本の家族や友人への映像送信も簡単です。さらには、ウォーキングの友として**iPod**やウォークマンは大変重宝しますが、これ等への楽曲の取り込みはPCを介して行います。

　このように、ロングステイにPCを持参しますと、長期滞在の楽しさが倍加されるとさえいえるのです。

沖縄県
石垣島に多い瓦屋根とシーサー

Step5

出掛ける前に準備！③
〜情報収集と渡航準備〜

現地情報の集め方
①ガイドブックを買い込む

　最近は現地の日本語ガイドブックも、国別から都市別へと進み、各地の詳細な案内記述が満載されています。概ねシリーズで出版されている出版社のものを選ぶと問題ありません。私は通常、JTBパブリッシング社版『るるぶワールドガイド』とダイヤモンドビッグ社版『地球の歩き方』の最新版2冊を揃えます。大まかな類別をすると、前者は大人向けでややリッチな人に、後者は若者向けで安く挙げたい人に、とも色分け出来ますが、どちらも現地に持参して実用価値が高いガイドブックです。

　なお、最近、1都市限定のガイドブックもかなり発行されております。滞在予定先の都市ガイドブックがあれば、前記の補完になるので持参すると良いでしょう。単独都市ガイドでは、詳細な市街地図と飲食店等各種お店情報が多い本を選ぶと「街歩き」のお供として重宝です。

　また、ロングステイ専門のガイドブックも出回り始めました。ロ

ングステイ専門書を買う場合は、実際その国でロングステイした経験者が書いているかどうかも確かめて下さい。

この手の専門書は、概して編集されたものより、単独の著者による本の方が、痒い処に手が届いており、実用価値の高い情報が凝集されていると思います。

紀行文・体験談中心のものは、読むには面白くても、実用価値はそれ程高くありません。

②旅行会社に通う

最近のロングステイ人気の高まりから、旅行会社でもこの分野の旅行手配を扱い始めてます。しかし、まだまだ肝心な点では現地情報不足で、実用性が低い会社もありますので、注意が必要です。初回の旅行会社訪問で、自分より知識や最新情報が少ないと感じたら、その店は止める事です。一時期ロングステイ専門の支店を開設した会社もありましたが、現在は閉鎖されています。

幾つかの旅行会社をハシゴして、使い勝手の良さそうな会社に通う事も賢明な策です。

小さな旅行会社でロングステイを主力に営業している会社も増えてきましたが、これ等は特定の国や都市に強いのが特徴で、広範囲な国の事情や情報には疎いケースもあります。前述のロングステイ財団発行の季刊誌「LONGSTAY」の中綴じには、これらの旅行会社や関係先のリストが掲載されていますから、その中から自分のロングステイに適していると思われる旅行会社を選んで、電話やインターネットで連絡してみるのも一策です。

手配を依頼する旅行会社を決める大事なポイントは、滞在希望都市の宿泊施設の情報が豊富かどうかです。お客の細かな希望を十分聞いた上で、その条件に合致した宿泊施設を幾つも提示出来るか、ここが最も大事だと思います。具体的な設備やロケーション、周辺

の交通機関等の質問にあいまいな説明しか出来ないような会社は避ける事です。

③ロングステイ財団の会員情報誌を読む

ロングステイ財団の会員になると、その季刊誌「LONGSTAY」が年4回自宅に届きます。現地情報が豊富で、参考になる記事が毎号満載されています。この季刊誌には「LS INFORMATION」という中綴じ記事がありますが、その中には賛助会員（旅行会社や現地NPO組織等）のリストや、各国・各都市別の体験プログラムが詳細に掲載されており、目下のところ、ロングステイの全般的な最新情報を取るには最も優れた媒体と思われます。なおこの中綴じにはロングステイに関する各種セミナーが集約して掲載されており、これらのセミナーに参加して、より具体的な情報を収集するには実に有効です。

さらに大手旅行会社の現地下見旅行のパンフレットも多数同封されてきますので、選択肢が広がるのも嬉しい「おまけ」です。

④滞在先の国の在日政府観光局と連絡を取る

滞在先の目安が付いたら、その国の在日政府観光局に電話やインターネットでコンタクトすると良いでしょう。

日本人に人気の国は、殆ど東京に事務所を構えて自国の売り込みに積極的に取り組んでいます。日本語のパンフレットも豊富に揃っていますし、日本語のホームページも充実してきました。英字の地図や目的別各種パンフレット等、極めて利用価値の高い現地資料が入手出来ます。切手を添えて依頼すると資料を郵送してくれるところもあります。

近年では国の機関のみならず観光客誘致に熱心な各国の州政府や市政府も単独で東京事務所を構えるところも出始めました。先ずは、丹念にインターネットで探してみて下さい。

準備編・Step5
出掛ける前に準備！③　〜情報収集と渡航準備〜

⑤インターネットで現地情報を直接取る

　さらに詳しく現地情報を取るには、今日ではインターネットを使えば、簡単に現地の観光関係機関を検索することが可能になりました。英語の案内が中心ですが、Google 等の翻訳機能を利用すれば直ちに日本語に翻訳転換してくれます。

　もう一つ、現地に日本の旅行会社の支店があれば、多くの現地支店で日本語のホームページを立ち上げています。最近は多くの現地支店で、現地駐在員・家族等邦人向けの旅行販売にも力を入れている会社も多く、探していくと結構実用向きな情報が多く掲載されてます。中にはコンドミニアムの予約ページも開いている「JTB Canada」のホームページの例もありますので、丹念に探すことです。

　何度か現地を往復して慣れてくると、インターネットで現地の詳細な「不動産賃貸情報」を検索する事も楽しみになってきます。物件ごとに施設の地図や写真、間取り、価格などが詳細に紹介されているので、借りる上での目安として活用出来ます。勿論、そのまま「予約」のページに進む事も可能ですが、これは余程現地に慣れた人以外には、お勧め出来ません。

滞在先の決定と予約開始時期

　いよいよ滞在先の決定です。これまでの事前の検討から、何処でロングステイするか、ほぼ決めている事でしょう。自分にあった滞在先選択の条件を作り、諸要素を充分検討の上、ロングステイ先の国と都市を決めて下さい。

　すでに述べましたが、私のロングステイ先の選択基準は次の通りですので、参考にして下さい。

　①治安の良さ

②物価の安さ
③親日的
④英語が通じやすい
⑤国として好感度が高い

　出来れば出発予定の6ヶ月以前には滞在先を決めて、必要な事項の予約開始を始める事が大事です。予約開始は早ければ、早いに越した事はありません。

　一般的には個人の国際航空券予約受付は6ヶ月前から始まりますし、人気の海外滞在先では1年前から次年度の予約を受付ける宿泊施設もあります。次年度の料金タリフが未定でも仮予約を受けてくれます。

　希望する国や都市で、一番良い条件で予約をしたい場合、可能な限り半年前にはメインとなる滞在先のコンドミニアム等の予約と利用する航空会社の決定をして、往復航空便の予約を開始する事が肝要です。予約が遅くなると、希望通りの日程で、宿泊施設や航空便が予約出来ずに、当初希望のスケジュールを変更せざるをえない事態も発生します。

　この様に、第1のアクションとしては、宿泊先の予約をして、そこでの滞在期間（チェックインする日とチェックアウトする日）を確定する事です。次に航空便の順で予約を進めていくと良いでしょう。

　宿泊先の滞在期間に合わせて、希望通りの日程で航空便が予約出来れば、それに越したことは無いのですが、航空会社の運行スケジュールや希望便の満席等、上手い具合に希望の日程で予約出来ない場合もママ生じます。その場合は、航空便の予約を数日前にずらすのが良いでしょう。無理して滞在先の予約とアジャスト出来なくて

準備編・Step5
出掛ける前に準備！③　〜情報収集と渡航準備〜

も構いません。

　仮に滞在先施設の予約の１日、２日前にしか現地到着便が取れなくても、その間は、その都市のホテルに宿泊するようにします。事前にその都市の概略の把握も出来ますし、滞在予定のコンドミニアム等の下見をしたり、不足している備品の購入先（近くのスーパー・コンビニエンスストア等）を偵察したりしておく事が出来るメリットもあります。私は通常、コンドミニアムに移り住む前に市内のホテルに１〜２泊する様にしています。

必要な手配事項と予約
①滞在先（ホテル・コンドミニアム・アパートメント）を決める
　ロングステイを始めるにあたって、最大の関心事は、「快適な宿泊施設を安価に探し出す事」に尽きます。
　長期滞在者用の宿泊施設は、主要国では、例外無く良く整備されております。その呼び名も種々あって、マレーシア・カナダ・ハワイでは「コンドミニアム」、単に「コンド」、オーストラリアでは「ホリデイアパートメント」、「サービスアパートメント」の呼称が多いようです。
　大型ホテルの中には、別棟に長期滞在者用のルームを持っている「レジデンスホテル」も多くなってきました。賃料は少々高めですが、ホテル並のサービスが受けられるのがミソです。

- １ヶ月以上、同一施設に滞在する場合の留意点は、次の２点が大事な条件です。
  ①ベッドルームとリビングが分離されている。
  ②冷蔵庫付きのキッチンがある。

バンクーバー市イングリッシュベイのコンド群

　短期滞在と違って「生活する」という視点が必要になってきます。通常の滞在では、気にならないベッドのある部屋で生活するのは、何となく落ち着きが悪いものです。また冷蔵庫は、通常のホテル並の小型の物しか無いと不自由します。せめて冷凍庫付きの大きさで無いと買物のストックが効かず、使い勝手がとても悪いので、この点も事前に必ずチェックしましょう。

　いずれの宿泊施設も、通常は最低「1ヶ月単位」の賃貸で、その料金も長期になる程、割引率が大きくなります。また十分注意したいのは、ピークシーズンとオフシーズンの価格差で、値段の格差が倍になるという施設もあります。

　なお、中には、1週間単位で賃借出来る場合もありますが、割引率はごく僅かです。

　賃料の目安としては、国情や施設のレベルにより大きな差異があ

準備編・Step5
出掛ける前に準備！③　〜情報収集と渡航準備〜

りますが、概ね邦貨換算で月15万円を軸に検討を始めると良いでしょう。最近の一般的な動向としては、いずこの国も地価上昇に伴い値上がり傾向が強く、遠からず実勢価格は月20万円が軸になると思われます。

　これらの具体的な情報入手は、個人では限界がありますので、最初のロングステイでは、日本の旅行会社に手配を依頼するのが無難です。但し、会社によっては現地のロングステイ情報を的確に把握していなかったり、手配能力が弱かったりしますので、その点には十分注意が必要です。

・手配依頼先の目安としては、次の3者の何れかに依頼すると良いでしょう。
　①現地に支店のある大手旅行会社。
　②その国がお得意でロングステイの専門性のある小さな旅行会社。
　③現地のロングステイヤー受入れ・相談窓口「海外サロン」。

　③の場合、現地NPOや日系会社が運営する「海外サロン」も最近多くなりました。いずれも、現地で日本人が運営している組織で、不動産業、旅行業等も手広く併営していたり、現地事情に明るかったりするのが強みです。日本の旅行会社も現地の斡旋をこれ等の組織に委託しているケースもあります。現地情報に富み、小回りが効く分、利用価値はありますが、初回から依頼するかどうかです。
　私は、現地に行ってもオプショナルツアーなどの各種手配を依頼する事も多いので、現地支店を持っているJTBを利用しております。

最後に滞在費の支払いですが、原則、予約時点で20〜40％前後のデポジットを請求されるケースが多く、日本出発前に滞在費の全額支払を済ます条件の施設が殆どです。

このデポジットを外貨決済するにあたっては、日本からの現金送金手続きは未だに面倒で、手数料も高いのが実情です。原則としてクレジットカードを利用して決済すると便利で、簡単です。

②搭乗する航空会社と予約希望日を決める

宿泊先が確保出来たら、次は日本からの往復の航空便の予約です。

日本人のロングステイ先として人気のある国の主要都市には、日本の航空会社のJALかANAがほぼ就航しています。同時に、原則その国の航空会社も日本に乗り入れています。

通常は、「日本の航空会社」、「滞在国の航空会社」の何れかを選択するのが無難でしょう。

出来れば滞在先への直行便が毎日運行している航空会社があれば、何かと便利で安心です。日程の立て方や非常時の変更にも、臨機に対応しやすいからです。

料金的には日本の航空会社の方が少々高めです。しかし、現地の支店を含めて日本語で相談出来たり、「マイレージポイント」もかなり獲得出来るメリットもあるので、慣れない内は日本の航空会社を選ぶ方が無難でしょう。往復航空運賃は旅行会社で何種類か探してもらうか、航空会社のホームページでロングステイ向けの運賃を検索すると凡その概算運賃が把握出来ます。

・予約の方法は大別して、次の3通りがあります。
　①宿泊手配と同じ旅行会社に依頼する。
　②航空会社に直接依頼する。

準備編・Step5
出掛ける前に準備！③　～情報収集と渡航準備～

③安売り航空券専門会社に依頼する。

　不慣れな人は①の方法が無難です。
　②は、日本の航空会社の利用を決めている場合等に活用します。特に、インターネット経由の利用には便利です。
　③は、ある程度旅慣れた人向きで、兎に角安くあげたい場合には良いでしょう。このケースでは、外国航空会社の第3国経由便利用とか、直行便でなくても良ければ相当安い券も入手可能です。但し、途中で予約変更が出来ないケースが多く、各種の制約を相当程度受ける事を覚悟して利用する事です。

③レンタカーはどうするか

　滞在先の現地事情にもよりますが、大都市では公共交通機関が充実している場合が多いので、短期間の活用は別として、レンタカーの利用は不要です。ましてや現地の道路交通事情に精通しないままの運転は、結構勇気も要ります。

　リゾート地に滞在する場合には、公共交通機関が少なく、生活の足としてレンタカーは必需の場合もあります。例えば、筆者が滞在していたマレーシアのキャメロンハイランドやペナン島、カナダのバンクーバー島のリゾートでは、レンタカーが無いと通常の生活にも、かなりの不便を余儀無くされます。この様なケースでは、滞在全期間に亘ってレンタカーを予約しておくのも選択肢の一つです。

　個人での海外旅行の経験が浅い場合は、予め日本でレンタカーを予約して行くのが便利で安心です。出来れば利用の旅行会社経由で予約するか、世界的なネットを持ち、安心感のある大手の「ハーツ（Hertz）」か「エイビス（Avis）」の日本予約センターで予約しましょう。

・手配する上での留意点は次の通りです。
　①日本車を指定すると高い。
　②オートマチック車は少ない。特に欧州ではオートマチック車の手配は難しい。
　③メーカー、車種の指定は困難なケースが多く、排気量区分が多い。
　④カーナビ掲載車はあまり無い。搭載していても日本車のような「優れもの」は少ない。
　⑤身分証明書としてクレジットカードの提示が求められる。
　⑥大手では、貸し出し年齢制限（65歳以下）を設けている会社もある。

ロングステイにそれなりに慣れてきたら、現地でレンタカーを手配して、大いにエンジョイしましょう。車があれば、行動半径も大きく広がり、リゾート地への小旅行等にも活用出来るので、ロング

マレーシア・ペナン島の世界遺産ジョージタウンの街並（写真提供：マレーシア政府観光局）

準備編・Step5
出掛ける前に準備！③　〜情報収集と渡航準備〜

ステイ生活がさらに充実してきます。日本で手配するより、遥かに低価格で借りる事が出来ます。

・上手な現地レンタカー活用術は、前述の留意点に加えて、次の点にも留意する事です。
　①現地に行って交通事情等を確かめてから、現地で借りる。
　②滞在中を通して借りず、必要に応じて短期間に区切って借りる。
　③大手を避けて地元のローカル会社で現地生産車を借りる。これは安い！
　④インターネットを通じて借りると、さらに格安な条件が見付かる。
　⑤現地会社では、年齢制限はほぼ無いと思われる。

Step6

プロが薦める最終Check
～何を持って行ったらいいのか？～

オーストラリア
グレートバリアリーフのインコと海岸風景

現地には何を持参するか
①携行品チェックリストの作成　～重量制限に注意～

　海外に出掛ける時に頭を悩ませるのは、どんなものを持参したら良いのか、という事です。ましてやロングステイとなると、あれやこれやと準備するものがどんどん増えてしまいます。特に衣類は現地の季節に合わせること等を悩んでいると、どうしても増えがちです。これを如何に減らして適正量に減量するかも大事な準備作業です。

　一般的には国際航空便エコノミークラスでは25kgが無料積載の限度です。つまり夫婦2人で50kgまでは積み込めるということです。これを超えた分は、超過料金が課せられますが、これは結構な金額になります。

　私は最初のロングステイの時、夫婦でゴルフバッグを持参した事もあり、超過料を37,000円も取られてがっかりした経験があります。それ以来、慎重に手荷物チェックを繰り返して、携行品を減らす努力をしています。

準備編・Step6
プロが薦める最終 Check ～何を持って行ったらいいのか？～

　なお、アメリカ・カナダ方面は、大きさの制限が主で、重量は大体クリア出来ます。（1人2個まで／1個32kg制限）詳しくは利用する航空会社に問い合わせて、確認しましょう。
　私のお勧めは、次の2点です。
　①自分流の携行品チェックリストを作成する。
　②現地での生活用品は、極力現地調達で済ませる。

　①は、最低限持参すべき物をチェックするのに重宝しますし、スーツケースへの最終詰込み時のチェックリストとしても有用です。
　②は、衣類を含め、何かと増えてしまう生活用品は、殆ど現地で買えるという事です。
　当然の事ですが、どの国でも、日用品や下着類は現地のスーパー等で調達出来ますし、日本食料品・調味料も、少々値は張りますが、殆ど現地で調達出来ます。長期滞在に慣れてくると、現地のお店で必要な品々を探す楽しみも増してくるというものです。
　ロングステイには、必要最低限の物だけ持参して、あとは現地調達を原則としましょう。参考までに、筆者が最近滞在したカナダロングステイでの携行品リストをこの項の最後に添付しておきます。

②出発に際して最重要な携行品

　他の物は忘れても、これが無ければダメという最重要な携行品は、別途大事に保管して出発時に再度チェックしましょう。

・日本円・現地通貨

　自宅を出発する時点で、一定額の日本円の現金を持参します。この中から、必要に応じて外貨交換にも充当しますし、出発時・帰国時には、自宅から空港までの当座の費用等に充てます。
　日本円の現金を大量に持参する人を時折見掛けますが、現地の両替レートは悪いし、盗難・紛失の対策上も賛成出来ません。日本円

の持ち出しはなるべく少なくしましょう。

　私は海外旅行する際には、2週間でも3ヶ月の滞在でも、決まって現金15万円（夫婦で）を持参する事にしております。この額で不足と感じた事はありません。

　現地通貨の調達方法は別項で詳しく説明します。

・パスポート

　ロングステイを望む人は、多分海外旅行にある程度慣れている人でしょうから、すでにパスポートは所持している事を前提にして、取得申請の説明は省略します。

　ここで注意しておきたいのは、パスポートの「残存有効期間」の再チェックです。通常、滞在先の国では、その国に入国する時点でパスポートの残存有効期間が「6ヶ月」ある事を要求されます。入国時点の出入国管理検査（イミグレーション）でこれに引っかかると、希望する滞在期間が認められませんし、国によっては入国そのものが認められませんので要注意です。出国前に必ずこの残存有効期間をチェックする様にして下さい。

　日本政府は、残存有効期間が1年未満の場合には、有効期間内であっても所持しているパスポートと引き換えに新規のパスポートの申請・発給を受付けます。住民登録をしている都道府県（場合によっては市役所）の旅券課窓口で取得して下さい。

　パスポートには5年と10年の有効期限がありますが、出来れば「10年有効のパスポート」を取得したほうが、何かと便利です。

・国際航空券

　国際航空券は出発までに、通常、自宅に送られてきます。予約内容を確認して、出発まで大事に保管しましょう。国際航空券は一般に横長の大き目で結構嵩張ります。普通のパスポートケースからはみ出しますので、保管には苦労します。曲げないで保管出来るスペ

準備編・Step6
プロが薦める最終 Check ～何を持って行ったらいいのか？～

ースを確保する様にして下さい。

　なお、航空券の電子化が進み「チケットレス」のケースも増えています。出発空港で航空券を貰うとか、極端な場合は、一般的な「硬片航空券」の発行をせず持参の自社カードのチェック（Web チェックイン）で終わる航空会社がどんどん増えてきています。

　最近海外で人気の高い「格安航空会社」は、航空券の発行はせず、座席指定も無く、クレジットカードのレシート風のコピーしかくれないので、予約便に搭乗が終わるまで不安ですが、「予約ナンバー」さえメモしていれば大丈夫です。

　航空会社の中には、国際航空券ではなく予約内容をプリントした「予約券」を送ってくる事もあります。これも忘れず出発カウンターに持参します。

・クレジットカード

　現地での身分証明書に使われる事も多いので、クレジットカードも忘れずに準備して、持参しましょう。何度も繰返しますが、現地支払いは原則カード決済する事をお勧めします。クレジットカードについては、すでに詳しく解説していますが、もう一度復習しておいて下さい。

・国際運転免許証

　ロングステイ先でクルマの運転をする場合は、ハワイのように「日本の運転免許証で OK」という国・地域もありますが、原則は国際運転免許証を携帯しなければなりません。

　日本の免許証も一緒に必ず持参します。国際免許証は、最寄りの地元の警察署で簡単に発行してくれ、「1ヶ年通用」します。これを常にパスポートと一緒に保管しておきます。

　現地の運転時に警察官から提示を求められるのは、「パスポートと国際免許証」です。

・海外旅行傷害保険

　海外現地では日本の健康保険証は通用しませんので、旅行傷害保険証は必携です。特にアメリカ・カナダでの診療には高額な支払い請求が必ず伴います。筆者は1ヶ月間通用の「旅行傷害保険」を常に掛けてます。夫婦で年4万円の保険掛け金ですが、安心料と割り切ってます。この商品は国内旅行での事故もカバーされるので便利です。

③これだけは忘れずに　～日本から持参したい品々～

　携行品を必要最小限にするために、現地生活に必要なものは現地調達する事をお勧めしましたが、そうはいっても、現地で幾ら探しても売っていない物、現地の代用品ではどうしても不便な物も出てきます。筆者のこれまでのロングステイの体験から、これだけは忘れずに日本から持参したい品物を次に列挙します。

これだけは忘れずに、日本から持参したい品々

大型包丁	現地で本格的に調理を始めてみると、どこの備え付けの包丁も大変使いにくい様です。日本から使い慣れた物を1本持参すると満足します。
簡易まな板	まな板は日本製に限ります。100円均一のプラスチック製の代用でもOKです。
魚の焼き網	無性に焼き魚が食べたくなる人は必携です。魚焼きの際は、煙探知機に注意！
大根おろし器	小型で良いから持参すると重宝します。大根おろしは異国でも旨いのです。
即席味噌汁	小分けされた「生味噌」タイプ。利用応用範囲が大きく、すごく重宝します。
小型ハサミ	外国では、良く切れるハサミにはなかなか出会えません。
温泉旅館の手拭	サービスで呉れるアレです。布きんの代用にもなります。利用用途も多いので、なるべく沢山持参しましょう。
洗濯用ネット	100円均一店にある折たたみ式です。これも現地ではみつかりません。
蚊取り線香	蚊は何処でもいます。日本式の線香は重宝です。
小型カレンダー	現地の住いにカレンダーはありません。これは日本式のモノに限りますね。

　なお、読みたかったり、これでまで読み残していた本は、文庫本を中心に沢山持参しましょう。帰国時には、他の廉価な持参品と一緒に、現地の日本人に提供したりします。

準備編・Step6
プロが薦める最終 Check 〜何を持って行ったらいいのか？〜

賢い現地通貨調達法

　ロングステイする際には、滞在先の現地通貨の準備が必要です。その調達方法は主に次の3通りがあります。

①日本の大手銀行で現地通貨かトラベラーズチェックを購入する。出国空港にも邦銀出張所があるので、キャッシュだけならこの利用が便利。

②日本円を持参して現地に到着した時に、空港の銀行や市中の両替商等で現地通貨に交換する。

③外国銀行に預金口座を持ち、その銀行カードを持参して、現地のATMで現地通貨を引出す。

　上記3種類の中では、特に③の「外銀カード利用」は実に便利です。この方法だと、多額のキャッシュを持ち歩く必要は無く、必要な現地通貨は何時でも現地の銀行ATMから引き出せるからです。このカードによる外貨引出し手法は、大手の邦銀やJTBのカードでも利用可能になってきましたが、利用勝手の良さからいって外銀にはまだまだ敵いません。

　現地でも日本円キャッシュを現地通貨に交換出来ますが、交換レートで相当不利です。非常時を除き、なるべくこの手段は利用しない方が利口です。また、何処へ行くにも米ドルを大量に持参する人もいますが、これも二重の交換手数料が掛かるので大いに無駄です。「米ドル万能時代」は、もう終わりました。

　筆者は経験的に、①の日本の出国空港で1万円程度を現地通貨に交換して、現地到着後数日間の小額現金利用に充てる。その後に現地生活が落ち着いてから、③の外銀カードで、ATMを通して現地通貨を引出し、現地生活費に充てる手法を取っています。

外銀口座開設と外銀カード活用法

　先ず、日本に店舗を持つ外国銀行に行って口座を開設し、銀行カードを発行してもらいます。そして、その口座に一定額の日本円を預金しておきます。

　私の場合は「CITI BANK」に口座を開設しています。

　この CITI BANK は、日本の主要都市に支店があり、国内主要空港にも専用 ATM が設置され、郵便局、コンビニ ATM も利用出来るので、日本の大手銀行並にかなり便利です。

　海外に出掛ける前に、今回の旅行で消費予定の概算金額をこの外銀口座に日本円で入金しておきます。この口座残高の範囲で、何回でも海外の ATM でその国の通貨を引出す事が可能ですし、複数の現地通貨（例えば、一度の旅行でタイバーツ、マレーシアリンギ、シンガポールドル等に交換が必要な場合）を、夫々の通貨を現地の ATM から簡単に引き出せるのです。

　特筆すべきは、引き出せる ATM はその外銀支店 ATM に限らず、カードの裏面に明記されている「提携機関（CITI BANK の場合は「PLUS」と「STAR」）」なら何処でも OK という利便の良さです。世界中の何処の国でも、町中至るところの ATM で「PLUS」と「STAR」のマークさえあれば、現金引出しが可能です。主として地元ローカル銀行の外壁などに簡易 ATM が設置されていて、原則 24 時間利用可能です。

　日本から多額の日本円を持ち出す必要も無いし、成田空港で高い手数料を払って現地通貨をどっさり買い込んで行く必要も無いので、特にロングステイヤーには、実に便利な通貨交換方法です。

　当然一定の手数料は取られますが、実証的には一番安い通貨交換手法と思います。

　現地通貨と円との為替レートが激しく動いている時期には、円が

準備編・Step6
プロが薦める最終 Check ～何を持って行ったらいいのか？～

高いレートの時を見計らって、現地通貨を多めに交換しておく等の小技も使えます。

筆者はこの 20 年間、海外に行く時には口座残高を確認した上で、この外銀カードを利用し続けています。経験的にいって、世界中のどんな僻地を訪れても、途方に暮れたことは一度も無く、対応する ATM は必ず発見出来、引出しは自由で確実です。

クレジットカードの活用　～究極の外貨交換手段～

クレジットカードについては、すでに詳述しましたが、究極の外貨交換手段は、「クレジットカード払い」とさえいえましょう。

現地での買物等の支払いは、可能な限りクレジットカード払いとする事です。当然、現地通貨表示の支払いになりますが、カード精算は国内の口座から日本円で精算されます。現地の生活費の大部分をカード支払いで済ませれば、多額の現地キャッシュを持ち歩かなくて済みますし、煩わしい外貨交換の機会も少なくなります。問題は交換レートが幾らか分らないので、月締め請求書が来て初めてそのレートが分るという点です。しかし大事なことは、カード決済では為替交換手数料が原則 1.63％と低い事です。現地で外貨交換するレートよりは確実に割安です。

最近ではさらに進化して、シドニー市内の中華料理店の例では、請求額のオーストラリアドルの金額を、その場で自動的に日本円交換レートにて計算され、日本円表示の領収コピーをくれる店もありました。世界各地でこの手のサービスは増えてきています。こうなると外貨／日本円の垣根も非常に小さくなる事が実感出来ます。但しこの場合、交換手数料が不明なのでチョット気に掛かります。

〈参考〉カナダロングステイ携帯品チェックリスト（夫用、3ヶ月分）

携帯品	数量	備考	携帯品	数量	備考
スーツケース	1	タグ・ベルトも	帽子・折り畳み傘	各1	
パスポート	1	予備写真2枚	機内スリッパ・ソックス	各1	
航空券	1式		地図・ガイドブック	適宜	
クレジットカード	3枚	JAL/ANA/CITI	雑誌・読本	適宜	
国際免許証	1	国内免許証も	サングラス・日焼け止め	各1	
海外旅行障害保険証	1		洗面具一式	1	
CASH（円ファンド）		¥150.000	カメラ	1	
機内バッグ	1		常備薬・虫除け	1式	
下着（パンツ）	4		日本食・嗜好品	適宜	
（ランニング・半袖）	4	各2	醤油・焼き海苔・おつまみ		
（ステテコ）	2		酒・TeaBag		
Tシャツ	2		ナイフ・鋏	各1	
長袖シャツ	1		栓抜き・ワインオープナー	各1	
半袖シャツ・ポロシャツ	4	各2	携帯電卓	1	予備電池も
靴下	4	白2・柄2	予備眼鏡	1	
ブレザー	1	春物	英和・和英辞典	各1	
ズボン（長スラックス）	2		ペンライト	1	
（短ズボン）	3		衛生品	適宜	
カーディガン	1	薄手	ティッシュ・ポリ袋		
ベスト	1	薄手	眼鏡拭き・ハンカチ		
靴（デッキシューズ）	1		マルチプラグ・変圧器	各1	
（革靴）	1	茶色	目覚まし時計	1	
（ウォーキングシューズ）	1		iPod	1	
パジャマ上下	1	半袖	小型カレンダー	1	
水着一式	1	ビーチサンダルも	小型リュックサック	1	最軽量品

Column

Column

プロが薦めるロングステイ先
Best10

　これまで見てきた滞在先を選ぶ諸条件をベースに、筆者がロングステイしたい多数の国を選んでみました。それらの国々を「5点評価表」で整理した上で、ベスト10をリストアップしたのが、右の表です。勿論、筆者の個人的な趣向・主観が多く加味されていますので、客観的なデータとはいえません。

　例えば、一般に人気の高いハワイやニュージーランドが入っていないのは、私としてはロングステイしたいと望まない国・地域なので、始めから除外してます。ハワイは「憧れのハワイ航路」以来の大好きな島々ですが、すでに数十回の滞在経験があり、今後も短期滞在で十分です。また、ニュージーランドの自然は素晴しいのですが、食材の主力が羊肉とその加工品で、残念ながら私は羊肉が大の苦手なのです。これが除外した個人的な理由です。

　とはいえ、右に挙げた国は、50年にわたり80ヶ国を旅してきた私の実際の体験上から選りすぐった結論ですので、読者の皆さんにも参考になると思います。

　この選択順位に従って、この4年間に上位3ヶ国(マレーシア、カナダ、オーストラリア)で、実際にロングステイしてみましたが、何処も期待に違わず快適な生活をエンジョイする事が出来ました。

プロが薦めるロングステイ先 Best10

(5点評価)

順位	国・地域名	治安	物価	親日的	英語	好感度	総合評価
1位	マレーシア	5	5	5	4	5	24
2位	カナダ	5	3	5	5	5	23
3位	オーストラリア	4	3	5	5	5	22
4位	シンガポール	5	3	4	5	4	21
5位	ドイツ	4	2	4	4	5	19
6位	スイス	5	1	3	4	4	17
7位	フランス	3	2	4	3	4	16
8位	スペイン	3	3	3	3	4	16
9位	タイ	2	4	4	2	4	16
10位	インドネシア	2	5	3	2	3	15

上位3ヶ国については、後半の「実践編」で詳細にご案内いたします。

ここでは、4位以下の国々について、その特徴を短評しておきます。

4位シンガポール、7位タイ、10位インドネシアはいずれもアセアン諸国です。シンガポールは赤道直下の都市国家で、レベルの高いインフラ整備、効率的な国家運営など実に魅力的で清潔な国です。タイ・インドネシアはいずれも親日国として知られ、滞在していて居心地が良い国ですが、気候がジリジリ焼ける酷暑型。政情不安も気掛かりです。

5位から7位の欧州の国々（独、スイス、仏、西）は何処も甲乙付け難い魅力に溢れた、筆者の愛する国ばかりです。唯一の難点は、物価高と共通通貨のEU高（スイスフランも高い）です。この傾向は当分収まらないと見るのが妥当と思われます。筆者としては時々の訪欧は当面、2～3週間の短期滞在で我慢するかなと思案しているところです。

Part.2
実践編

Kuala Lumpur

Chapter I

おだやかな多民族都市「クアラルンプール」

1. マレーシアという国

発展著しいアセアン（ASEAN）のリーダー国

　現在のマレーシアは、1965年に形成された若い新興国家です。長い間、英国の植民地でありましたが、第2次世界大戦後、周辺の国々と同様に独立を果たし、「東南アジア諸国連合（アセアン／ASEAN）10ヶ国」を形成する重要なリーダー国の役割を果たしています。

　特に、長期政権となったマハティール首相時代に著しい経済発展を続け、今日では、近代国家として大きく成長しつつあります。彼が唱えた「ルックイースト政策（日本を見習え）」に見られる様に、大変な親日国家でもあります。国語はマレー語ですが、旧英国植民地の影響が大きく、「英語」は殆どの国民が話す事が出来る共通言語となっています。

イスラム国家・多民族国家で若々しい国

　国教はイスラム教であるが、これは国民の60％強を占めるマレー人が中心で、他の中華系（32％）、インド系（8％）には強制されず、信教の自由は認められています。その為か、中近東のイスラム国家に見られる様な禁欲的で、排他的な雰囲気は少なく、滞在していても息苦しさを感じる事はありません。大らかなイスラム国家といえましょう。クアラルンプール市内でも、モスク（イスラム教寺院）は余り目立たない程度にしか見掛けません。

そうはいっても一夫多妻制がそれなりに活用されている為か、人種的には、マレー人と他の民族との融合もかなり進んでいます。人口に占める若年者の比率が圧倒的に大きく、活気に溢れた若々しい国の印象を強く受けます。

赤道に近い熱帯地方にある豊富な資源国
　マレーシアはマレー半島の主要部分とボルネオ島の北半分から成り、面積は日本より少々小さい程度。国土全体が赤道の直ぐ北に位置する熱帯地方に属し、モンスーンの影響はあるものの、1年を通して概ね安定した気候です。日本の真夏のような「酷暑」も無く、熱帯地方にありがちな「灼熱」とも程遠く、実に快適で暮らしやすい気候なのです。
　国土を覆う広大な熱帯雨林帯のジャングルには、豊富な天然資源が埋蔵され、古くから錫、ゴムの世界的な産地として知られています。

マレーシア パンコール島のリゾートホテル

Kuala Lumpur

2. クアラルンプールという街

国の首都であり、近代的な大都市

　クアラルンプール（以下、略して「KL」）はマレー半島のやや南寄りに位置し、マラッカ海峡から内陸に入った山裾に開けるマレーシア最大の都市で、首都です。なお、地元ではこの首都を「KL（ケーエル）」と略して呼び、道路等の標識にも「KL」の表示が一般的なので、覚えておくと便利です。KLと呼ばれる特別行政区は150万人程度の人口ですが、近年の経済発展に伴い周辺の衛星都市を併せた「大KL圏」を形成し、市街地はどんどん拡大しています。都心と郊外都市圏とは高速道路網や郊外電車路線で結ばれて便利です。KL都心は大規模な再開発が進み、巨大なビル群が林立する様は、正に圧巻です。

　なお、正確には首都とはいえ、国の行政機能は郊外の新行政都市プトラジャヤに移転しつつあります。しかし、多くの行政機関や、日本大使館はじめ、各国の大使館等は未だにKLの中心地に残ってます。

活気に溢れた経済の中心都市

　KL都心は、世界の都市の中でも有数な活気に溢れた街です。この国の経済を牛耳っているといわれる中華系国民が多い事もありますが、街角に立てば、経済が発展の一途を辿っている国の勢いを、肌で感じる事が出来るでしょう。

　都心の至る所で大規模な再開発が進み、多くが30階建て以上の高層建築です。このKLの発展を象徴するペトロナスツインタワーは実に88階建ての超高層ビルです。

　KLには、世界の一流チェーンホテルは総て進出しており、ショッピングセンターやデパートも多く、この都心を便利なモノレールやLRT（地下鉄）が手際よく結んでいます。

Malaysia

　敢えて難をいえば、急激に都市化が進んだため、都心の道路の整備が遅れています。その道路を物凄いクルマの洪水が奔流し、何処でも交通マヒは日常茶飯事で、タクシー、バスでの移動は時間が計算出来ない程です。また、歩道が良く整備されていない為、歩行者保護はなおざりで、横断歩道を含め交通ルールは無視されがちなので注意しましょう。

多様な文化が織り成す魅力的な街、物価の安い街
　マレー人が主体とはいえ、それも国民の6割程度。加えて中華系、インド系を中心に各民族独特の文化風俗が街の各所に沢山見られる珍しい街です。夫々の民族衣装を纏った人々が、ごく自然なスタイルで街を行き交う中に入ると、「自分が異国人だ」、「日本人だ」という自覚も忘れて仕舞うほどの国際都市です。おまけに物価が飛び切り安い大都市である事も、大きな魅力となっています。最近はその物価の安さに目を付けたアラブのお金持ちや隣国シンガポールの市民が大挙して「買物ツアー」にやって来ます。近代的で快適なホテルに滞在し、豪華なショッピングモールで安価な買物を楽しむスタイルがアラブやシンガポールの人々には定着してきているのです。

　兎に角日本の3分の1程度の物価は、大きな魅力です。このKLが、ロングステイの人気のトップクラスに入り始めた大きな理由は、この物価の安さにある事は確かでしょう。

マレーシアの伝統的建築様式と高層ビル群

Kuala Lumpur

3. クアラルンプールへの行き方

日本からの航空便

　KLへは日本航空（JL）とマレーシア航空（MH）が、成田空港と関西空港より毎日直行便を運行しており、大変便利です。なお、中部（名古屋）空港発着便は現在運航休止しています。MH便は全日空（ANA）との共同運航便もあります。直行便は所要約7時間ですが、JL便はシンガポール経由便、MH便はコタキナバル経由便もありますので、詳しくは各航空会社で確認しましょう。

　旅慣れた方で直行便に拘らなければ、他の航空会社の選択も出来ます。その場合でも直行便より、値段が必ず安いとは限りません。時間を掛けて良く比較してみる事です。

　中でも香港乗換えのキャセイパシフィック航空（CX）、シンガポール乗換えのシンガポール航空（SQ）、バンコック乗換えのタイ国際航空（TG）は人気があります。

　なお、日本／マレーシア間は1時間の時差があり、日本の正午がマレーシアの午前11時です。この時差の少ないのは大いに助かります。

入国手続きと両替

　機内で入国カードが渡されますが、比較的簡単な内容です。これは税関申告用と共通で1枚の記入で済みます。搭乗便がクアラルンプール国際空港（通称「KLIA」）に到着すると、その広大さに驚かされます。マレーシアが誇る近代的な国際空港ターミナルです。

　長い誘導路に従い「入国審査」に向かいますが、3ヶ月以内の滞在であれば、簡単に旅券にスタンプを押してくれます。入国手続きは誠に簡単な国で、税関も手荷物を開ける様な厳しい検査はあまり見掛けません。

　通常は、日本を出る前にマレーシアの通貨を入手済みと思いますが、必要

な場合は、税関周辺に銀行が深夜早朝でも開いているので両替しましょう。

なお、マレーシア通貨の単位は「RM（リンギ）」、通常はM$と表示されている場合もあります。

1RMは約27円（09年7月末現在）ですので、1RM＝30円と覚えておくと値札の簡便な換算に便利です。

この国の通貨交換率はほぼ一定で、余り大きく変動しないので助かります。街の両替商にはその日の換算表が掲示されています。時々その換算表を睨んで、少しでも円が高い日に両替するのも長期滞在の時の大事な知恵です。一般的に交換比率の優位な順位は、両替商、銀行、ホテルの順ですが、両替商の間でも、交換比率にそれなりの開きがあります。

クアラルンプール国際空港（KLIA）から市内への交通手段

KLIAからKL市内中心までは約70キロとかなりの距離があります。その為、滞在先までの交通手段は次の3種から選択すると良いでしょう。

①日本で予約したリムジンを利用する。

②エアポートリムジンのクーポンを購入して乗る。

③ERLと呼ばれる高速鉄道「KLIAエクスプレス」に乗る。

他にもエアポートタクシー、エアポートバス、レンタカーの選択も可能ですが、これは余程旅慣れた人向きでしょう。

①のリムジンは、日本の旅行会社で手配してくれます。到着口まで運転手が出迎えにきてくれて、荷物を運び、滞在先まで確実に連れて行ってくれるので安心です。日系人の運転手もおり、値段は会社により不特定ですが、それ程負担になる金額ではありません。

②のエアポートリムジンは、到着口を出たところに予約カウンターがあります。ここで行き先を告げ、前払いクーポンを購入して、同じフロアの指定された乗り場で待っているリムジンに乗車します。料金は90RM〜

Kuala Lumpur

100RM位です。

　③のKLIAエクスプレスは、ターミナルビルの向かいのビルから出ている市内行きの高速鉄道です。時速160kmのノンストップ便は、僅か30分で市内にあるKLセントラル駅まで運んでくれます。成田から東京都内に向かう「成田エキスプレス」と同レベルの快適な乗り心地の電車です。料金は35RM。惜しむらくは、このERL終点のKLセントラル駅は市中心部から少々離れていますので、大きなスーツケース持参のロングステイ時には向かないでしょうか。

　ロングステイ最初の到着時は、確実に滞在先まで辿り着く事が大事ですから、①のリムジン利用が無難です。物価も日本の3分の1ですから、最初だけは奮発して安全確実な手段を選ぶ事をお勧めします。

クアラルンプール市内の交通機関

　人口150万人のKL市内は、都心だけでも相当広範囲な広がりのある大都市です。

　単純な比較ですが、山手線に囲まれて幾つかのターミナルがある東京都心を想定してみると分りやすい都市です。KLには山手線の様な循環鉄道はありませんが、代わりに高速道路が市内の外側をぐるりと循環しています。KL郊外から市内へ戻ってくると、必ずこの環状高速道に入り込むので、大まかに自分の居る場所を掴むには、分りやすい都市です。

　KL市内の交通機関で外国人が利用しやすいのは、モノレール、地下鉄（LRT）、タクシーの3種類です。

　モノレールとLRTは、共に市内の主要ターミナルや繁華街をぐるりと結んでおり、運行間隔も短く実に利用しやすい交通機関です。この2種の乗り方に慣れてくれば、毎日の行動範囲も広がり、市内の主要なスポットもこれで巡ることが出来るので、生活の楽しさが倍加されます。共通券や1日券、ウイークリーパス等の割引制度はありませんが、1回券でも格安ですの

Malaysia

モノレールのインビ駅。ビルの3階に直結。

で、全く苦になりません。

　タクシーの料金は安い（2RMから）のですが、メーター制が不徹底で、遠回りや交通渋滞の危惧がありますので、筆者は、市内でのタクシー利用はなるべく避けてました。

　安い料金のタクシー利用価値としては、市内の主要な所にある「タクシー予約デポ」で、行き先を告げると前払いクーポンを発行してくれます。郊外のゴルフ場等に行く場合は金額が決められている為、安心して利用出来ます。帰りも指定した時刻になると同じ運転手が迎えに来てくれるので、これは結構重宝しました。

　なお、市バスも多数運行していますが、行き先が分り難く、一方通行が多く、交通渋滞が多い等の理由で余り利用勝手は良くありません。

Kuala Lumpur

4. 滞在場所

コンドミニアム

　この国のロングステイ滞在先としては、コンドミニアム（通称「コンド」）が一般的です。マレーシアでは、ロングステイ用の施設が、全国各都市、有名リゾートにかなり整備されており、欧米人の利用者も多数おります。

　KLでは大規模なコンドミニアム専用の施設が増えてきていますが、都心からやや離れた住宅地に立地している施設もあります。交通の利便性を考えると、滞在先は可能な限りモノレールか地下鉄の駅に近い所が望ましいでしょう。

　その施設内容ですが、これも多種類あります。

　日本のマンション風でいえば、2LDK（2ベッドルームとリビング・ダイニング、キッチン、バストイレ付き）が、一般的です。

　最小でも、ベッドルームとリビングルームが隔離され、これに冷蔵庫付きのキッチンとバストイレは付いています。家具や最低限の食器、調理器具も揃っていますので、すぐに生活を始める事が出来るでしょう。

サービスアパートメント（又はレジデンスホテル）

　KLなどの大都市では、大型ホテルの別棟に長期滞在の駐在員等が利用するサービスアパートメント（又はレジデンスホテル）も見掛けます。設備は1LDK～2LDKが多く、キッチンが狭い場合もありますが、通常、コンドミニアムと同じ様な設備を備えています。コンドミニアムとの違いは、ホテル並の日々の清掃、リネンの取替え等のサービスでしょうか。その分、お値段は高くなりますがホテル住いよりは長期滞在に向いた施設です。

　筆者がKLで滞在したのは、この「サービスアパートメント」の範疇に入る施設で、事前に、種々の条件を付けて「コンドミニアム」を手配して貰いました。

Malaysia

筆者が滞在したサービスアパートメントの主な設備・サービスの内容

	設備・サービス	その内容
①	建物全体	４０階建の建物２棟とこれを繋ぐ低層のショッピングセンター・大規模地下駐車場完備の大型コンプレックス／全館冷房完備。
②	居住ルーム	２４階の１ＬＤＫ（約６０㎡）。ルームの室外冷房機の騒音が若干気になる。
③	リビングルーム	ソファセット、ダイニングセット付きで窓外の眺望が素晴らしい。
④	ベッドルーム	キングサイズベッド２台と化粧台付き。
⑤	キッチン	狭くて使い勝手が悪く、冷蔵庫はホテル並の小型。本格的な調理には不向き。電子レンジ、湯沸しポットあり。調理・食事用具は簡単な常備品あり。
⑥	浴室	シャワー付き大型バスタブ。
⑦	トイレット	独立した洗面・トイレ室。
⑧	ランドリー	ホテルのランドリー室に持ち込むと翌日仕上り。（１回４kg単位；３ＲＭ）
⑨	付帯設備	２４時間対応のフロント及びレストランは高級ホテル並。屋上に大型屋外プールとエクササイズ室（いずれも宿泊者は利用無料）
⑩	室内清掃・リネン	ハウスキーピングは毎日。メイドにはチップ不要。
⑪	ＴＶ・ＣＤ	ＣＮＮ／ＢＢＣを含めた多チャンネル大型ＴＶ。ＮＨＫ衛星放送も常時視聴可能（無料）。
⑫	新聞	依頼すれば日経新聞が毎朝配達される。（日本と同日発行の衛星版）
⑬	インターネット	各ルームにインターネット無線ＬＡＮ接続端子あり、常時接続可能（無料）
⑭	付随施設の案内	コンプレックス内には、スーパー、セブンイレブン、スターバックス、大型ショッピングセンター、レストラン街、両替商もあり、モノレールのインビ駅と直結。
⑮	食事	ＫＬは「外食天国」なので、外で食べる機会が多く、キッチンの不便さの問題は大きくはない。
⑯	滞在費総額／月額	４,４００ＲＭ＝日本円換算約１１５,０００円（２００９年７月）

Kuala Lumpur

実際に、「ここはコンドミニアムです。」といわれましたが、内容的には「サービスアパートメント」といってよい設備・サービスでした。市中心の繁華街ブキビンタンに近い、40階建てのホテル棟とコンドミニアム棟に分かれた大規模施設です。

ホテル

ロングステイでホテル住いするケースは少ないでしょう。最大のネックはお値段が相当張ることでしょうが、さらにはスイートルームでもない限り、広さには限りがあり窮屈な事や、キッチン等の長期滞在用の設備が無いことも利用しにくい理由です。

滞在した40階建ての巨大コンドミニアム

但し、筆者が2番目に滞在したキャメロンハイランドでは、このホテル利用の日本人ロングステイヤーが多数滞在していました。ルームも拝見しましたが、普通のホテルの設備と同じで、広さはかなり窮屈で、ここで長期間滞在するのか首を傾げてしまいました。

筆者のお勧めするホテル利用術は、その都市に初めて来た場合、最初の2、3泊を市内中心のホテルに泊る事です。その間に市内の様子や、滞在予定先のコンドミニアムの下見などをして、心身をその街に合わせる準備期間とするのです。筆者も、最初と最後の2、3泊はコンドミニアムではなく、市中心のホテル住いをして少々豪華な気分に浸ります。KL市内の上級ホテルでも日本に比べれば、格安料金で泊れる利点もあります。

なお、この国では、ホテルでもレストランでも、原則として「チップ」を払う習慣はありません。渡せば受け取りますが。

5. クアラルンプールでの過し方

土地勘を早く掴む
①街の探検に出る

　滞在先に落ち着いたら、早速、街の探検に出掛けましょう。先ずは、コンドミニアムなどの滞在先の周辺を自分の足で歩いてみる事です。

②地図やパンフレットを手に入れる

　次に、近くの書店・コンビニエンスストアなどに入って、地元の地図を手に入れます。地図（英語版）はKL全体図から繁華街の詳細地図まで結構種類は揃っています。出来るだけ詳細な地図を手に入れましょう。それとモノレールとLRT（地下鉄）の路線図も早めに手に入れる事です。

　地元の旅行会社の中には、手造りの日本語市内ガイドマップを置いているところもあります。その中で、JTBマレーシアが作成している「TraPara」は、手書き地図も多く、実に秀逸なパンフレットです。市内にある政府観光案内所でも日本語の各種案内地図やパンフレットが用意されているので、早めに一度訪ねると良いでしょう。

　これ等の地図は、街に買物等で出掛ける際に必ず携行します。

③モノレール・LRT（地下鉄）に乗ってみる

　次にモノレールやLRTに乗ってみます。LRTは都心では地下部分走行が多いので「地下鉄」としておきます。いずれも車内は清潔で安全です。モノレールの冷房は効きすぎる程に冷てます。都心の駅間距離は短いので、1駅乗り過しても歩ける距離が多いのも、安心です。駅は総て有人で、行き先が分らない時などは、良く相談に乗ってくれますが、ホームにはラッシュアワー以外、係員はいません。

　駅には大きな路線図と料金が掲示されており、切符は原則自動券売機で買いますが、券売機の台数は少ないので、時間によってはかなり行列となります。購入に手間取っていると、親切に教えてくれる市民もいるので助かりま

Kuala Lumpur

す。この2種の交通機関を乗りこなすと、市内は殆ど自由に廻れます。どうしても困った時には、補完としてタクシーを使用します。電車・タクシーは2RMからと、この国の交通機関は兎に角安いので、大助かりです。

④観光バスに乗る

　日本語ガイド付きの市内定期観光バスで市内の名所を一巡しておくと、KLの全体像の把握に大いに役立ちます。地元の旅行会社で予約して利用します。市内観光の他にも、民族舞踏観賞・マレー料理ツアー、郊外のジャングルトレッキングツアー等幾種類ものツアーがあり、これ等も手頃な料金で楽しむ事が出来ますので、利用価値が高いでしょう。

買物に慣れる

　KL市内には、大きなショッピングセンターが何ヶ所もありますが、一番の繁華街は「ブキビンタン」と呼ばれる地区です。モノレール駅を挟んで、その中心に日本の伊勢丹があり、その周りに沢山の商業ビルが連結されており、周辺には大型ホテルが多く立地してます。

　銀行・両替商・レストランビル・屋台村・日本料理店等も多く、この周辺を歩いているとほぼ欲しい物は何でも揃います。セブンイレブンやスターバックスのお店も見掛けます。コンビニエンスストアでは人気のタイガービールが5RM、ミネラルウォーターは5.5リットルもある大型ボトルで5RM程度の安価で簡単に手に入ります。(なお、マレーシアでは、ミネラルウォーターは生活必需品で、日常欠かせません。日頃からストック買いをしておきましょう。)

　イスラム教徒は豚肉を食べませんが、デパートやスーパーの「NON HALAL」と書かれたコーナーに入れば、これ等の禁忌食品も販売されています。支払いも、このコーナー分だけここで済ませます。

　この国では3、8、12月と中華正月はバーゲンセールのシーズンです。ブランド品でも30%、50%引きが当たり前で、この季節にはお隣のシ

ンガポール市民が大挙してショッピングツアーにやってくる程の人気です。特に衣料品が人気で、お買い得品が多い様です。

　日本の伊勢丹3店舗の他、そごう、ジャスコ、紀伊國屋書店、ベスト電器も大型店舗を構えています。特に伊勢丹の日本食品は地元民にも大人気で、豊富な品揃えで助かります。

　牛乳・生卵は高価です。この国では、冷凍技術や流通システムが未熟なためでしょう。乳製品は豪州産品が人気です。

　生活に必要な日用品は近くのコンビニエンスストアやスーパーで大体揃いますが、伊勢丹やジャスコに行けば、おおよそ欲しい日用品は手に入ります。

食事に行く

①値段と名物料理

　KLは何処に行っても食事代金がとても安く、美味いのも嬉しい限りです。朝・昼・晩とも、外食が可能です。

　食事代は、1人分お昼で7RM～10RM。夕食代だとアルコール付きでも、35RM～70RMで十分に満足します。

　しかもマレー、中華、印度各料理を中心に、夫々が融合した料理スタイルで出てきますが、市民大好き名物料理のミーゴレン（やきそば）、ナシゴレン（焼飯）、プロウンミー（海老そば）、バクテー（肉骨茶）等は、市内の何処でも5RM位で味わえます。

②食事処

　食事の店も多種類あり、それこそピンからキリです。

　値段だけから見れば、夕方から開いている屋台村（現地では「フードコート」と呼ばれている）、屋台よりグレードが高く、朝から営業しているホーカーセンター、レストランの順で高級化していく様ですが、何処でも「味」については、先ず失望する事はありません。

Kuala Lumpur

　例えば、夕食は屋台村の「贅沢な中華」でも、ビール付きで30RM見当で済みますし、大きな商業ビルの中には必ず手頃で、安価なフードコートを見付ける事が出来、間違いなく10RM位で満足出来ます。何処の国でも同じですが、お客が立て込んでいたり、行列が出来ていたりする店はトライしてみる事です。

　さらには、一流ホテルに行けば、和・洋・中華の有名レストランがあり、リーズナブルな料金で豪華な雰囲気と味を楽しむ機会も作れます。

③日本食

　KLでは和食レストランも多く見掛けます。一流ホテル内の日本料理屋を別にすれば、ちょっとした居酒屋風な店で、ビールを飲んでも50RM～60RM見当で楽しめます。中には日本料理まがいの品が出てくる通称「ナンチャッテ日本料理屋」もあるので、要注意です。その中でも、回転寿司は人気ですが、生ものは殆ど無く巻き物中心の品揃えで、お客は現地住民が主です。

　日本料理屋については、総じていえば、生鮮魚が少ない為、「刺身」類はかなり高価な事だけで、他のメニューは比較的安価です。ただ、お味の方は保障の限りではありませんが。

④果物

　この国での楽しみは果物です。種類が豊富で、美味しく、しかも飛び切り安価です。

　KL市内の何処でも屋台に積まれた果物屋を見掛けることが出来ます。市場ではさらに大規模な果物屋が軒を連ねて壮観です。ランブータン、ランサット、ドラゴンアイ、スターフルーツ等、日本では余り馴染みの無い果物も多く、あのマンゴスチンやドリアンも驚く程の安値で手に入ります。

　郊外に出ると幹線道路脇のテント掛けの小屋にオバさんがいて、地元で取れた豊富な果物をタダ同然の値段で売っています。高速道路のサービスエリアには「果物専門店」さえ見ることが出来ます。

⑤アルコール

　マレーシアはイスラム国ですが、驚く事に、アルコール飲料はそれ程苦労せずに手に入ります。しかし、飲食店にはアルコールを全く置いていないお店も沢山ありますので、気を付けましょう。

　アルコール類の中でもビールは一般的な飲み物で、スーパー等でも山積みされていて、安価（5RM位）で手に入ります。ワインも比較的安価ですが、ウイスキー、日本酒、焼酎類は手に入り難く、おまけにかなり高価で、概ね日本の3倍位の高値です。

趣味を堪能する

　街の探検や生活用品の取り揃えが一通り終り、日々の生活が落ち着いてくると、次はじっくりとやりたい事を始めると良いでしょう。

① KL名所巡り

　ガイドブックを片手に行って見たいスポットを順次訪ねてみます。

　すでに述べましたが、この街の歩道は余り整備されていないので、散策を兼ねての名所巡りには向かない街です。主なスポットであるムルデカ広場、ペトロナスツインタワー、中華街、印度人街などへは何処もモノレールかLRT（地下鉄）を利用して行けます。大きなマーケットも何ヶ所かあるので、時間を掛けてじっくり見て廻るのも楽しいものです。各民族固有の民芸品も多く、掘り出し物探しも一興でしょう。

　なお、外出で気を付けなければいけないのは、「スコール」の来襲です。ほぼ毎日、午後の遅い時間に稲妻と共にやって来ます。その勢いの凄まじさは体験してみないと分りません。傘は殆ど役に立たないので、「ピカッ」と、その兆候が見えたらすぐ近くの大きなビルに飛び込む事です。駅に駆け込んで雨宿りする人も多く見掛けます。

　このスコールは30分から1時間も経てば通り過ぎます。雨後の爽やかさは見事なものです。

Kuala Lumpur

②ゴルフ

　マレーシアはゴルフ天国で知られています。KL周辺にも多くのゴルフ場が点在しており、何処もそれ程混んではいませんので、当日に直接行ってもほぼ何時でもプレー出来ます。また、殆どのゴルフ場はビジターだけでも予約を受けますので、前日に電話を入れると安心です。

　プレー時間は、日中は暑いので朝方と夕方に限定されます。日中はさすがに日差しが強くてかないません。一度10時過ぎのプレーをしましたが、さすがに閑散として偶に見掛けるのは日本人プレーヤーだけでした。

　筆者は3ヶ月のマレーシア滞在中、夫婦で14回のプレーを楽しみました。KL周辺では、ゴルフバッグを持参して、1ラウンド150RM〜250RM（食事以外の総経費）で楽しめます。これに往復のタクシー代が65RM位ですから、ゴルフファンにとってはたまりません。一番安かったのはキャメロンハイランドのプレー代で、ナント2人で総額145RM（キャディフィー込み）でした。

③ショッピング

　先に述べた通り、KLは買物天国です。滞在に慣れて来ると、女性1人でもモノレールに乗って、ショッピングに時間を掛ける楽しみが増えます。**スリアKLCC**や**ブキビンタン**の幾つもの大規模ショッピングモール、中華街、印度人街、セントラルマーケットに代表される市場巡り等、買物大好きな女

繁華街に多く見られるショッピングモール

性には何時間でも楽しく過ごせる所が数多くあります。バーゲンセールの時期でなくても、そのお安い値段が、さらにショッピングの魅力を増します。

また、マレーシア名産品の買物で忘れてならないのがピュタ（錫製品）です。

その専門店「ロイヤルセランゴール」は、KL市内や全国各地に支店を持っています。その洗練された装飾品を中心とした製品の中から、長期滞在記念に1品買われる事をお勧めします。値引きはせず、全国統一価格なので安心です。

④習い事

折角の長期滞在なので、纏まった時間を掛けて習い事をしたい人も多い様です。

英語やマレー語の勉強、特産品であるバティック製作、現地料理、民族舞踏、太極拳等の日本人向けレッスンは豊富にある様です。これ等は出来るだけ日本出発前に、旅行会社等で確認の上で、予約しておくと良いでしょう。

ただ、筆者は、未だにこの「習い事」の体験をしておりませんので、多くを語る資格はありません。

現地の人と仲良くなる

①現地駐在員・永年居住日本人

現地の最新情報を得る事は長期滞在にとっては欠かす事は出来ません。

日本語ガイドブックでは中々網羅出来ない部分が、実は長期滞在者にとっては大事だからです。語学が堪能な人は、自由にその国の国民と親しくなって情報を得る事も可能でしょうが、多くの場合はそうはいきません。

では、どうするか。一番簡単に得やすい情報源は現地駐在員からでしょう。もっと良いのは永年マレーシアに住んでいる日本人と知り合う事です。

筆者は、幸いな事に知り合いを通じて紹介してもらった現地駐在員に懇意にしてもらい、その人を通じて何人かの現地永年居住者と知り合いになりま

Kuala Lumpur

した。こうして「痒いところに手が届く」様な現地のナマの情報を沢山知る機会を得ました。

　KLには多くの日本人が住んでいて、各界で活躍しております。種々の機会を通して、この様な人達と知己を得る努力をします。一度仲良くなると誰もが親切に色んな現地情報を教えてくれますし、彼らも日本の最新情報を知りたがっていたりします。

　もう一つは、日本人向けの「ミニコミ誌」です。KLでも週刊の無料ミニコミ誌が何種かあり、和食レストラン等で手に入ります。各種の広告も多く、短期の滞在者にも有用な情報源になります。

②クアラルンプール日本人会

　KLには「クアラルンプール日本人会」という大組織があり、前頁④の様な「習い事」のサークルも充実しています。その大きなクラブハウスには、和食レストランはじめ日本食品店などの施設も揃っています。ロングステイヤーの相談にも乗ってくれますし、各種日本語による資料も入手可能なので、最新の現地情報を得ることが出来るでしょう。

　是非一度、訪問してみて下さい。HPも開いています。

③病気の時の備え

　筆者は余り病院のお世話になった事が少ないので、病院に付いては無関心な方ですが、ロングステイの場合にはいざという時の為に、病院の最新情報は確実に取っておきましょう。幸いな事に、マレーシアの医療事情は結構優れている様です。KL市内はじめ大都市には、日本人医師が常駐している病院や、日本語の通じる医師がいる病院があります。この様な最新情報は、現地の日系人から入手するのが一番です。

　筆者は、ペナン島の病院で友人を見舞う機会がありましたが、明るく清潔な大病院で、日本語を話すスタッフと医師がいるのに、ビックリした経験があります。

6. 小旅行を楽しむ

ドライブ旅行

　ドライブの好きな人にとっては、マレーシアは大変楽しい国です。なぜなら、この国は日本と同じ「左側通行・右ハンドル・キロ表示」だからです。

　その上、全国を網羅する高速道路網が充実しており、KL首都圏を除けば交通量も少なく快適なドライブが楽しめます。

　高速道は原則有料ですが、その通行料は長距離でも数百円の世界です。（高速通行料の例：KL～ペナン島間360キロで43.3RM）

　さらに嬉しい事にガソリンは全国定額制（1.58RM／リッター／2006年時点）で実に安いのです。

　道路標識は英語表示されているので、田舎道に入っても先ずは迷う事はありません。

　その反面、レンタカーは他の物価に比較するとかなり高い印象です。

　筆者は後半の2ヶ月レンタカーを借りました。

　ハーツレンタカーでガソリン別、保険込み料金6,700RM（車種；トヨタカローラ）は、結構なお値段だと思います。それでも現地車になると、かなり安くなり1,500ccオートマチック車を48時間借りて330RMでした。

　KLから地方のリゾートへの小旅行にはレンタカーによるドライブが最適です。

格安な一流リゾートホテルを探す

　マレーシアには多くのリゾートがあります。英国植民地時代に開発された海浜リゾートや高原の避暑地が全国に点在して、そこには瀟洒なリゾートホテルが沢山あります。いずれも設備は整っていて、格安な料金で快適な滞在を楽しむ事が出来ます。

Kuala Lumpur

　これらのホテルの中には、特定の期間に猛烈な値引き料金を提供している場合が多いので、これが狙い目です。KLでは時々旅行会社に顔を出していると、この種の格安情報も手に入ります。

　筆者が経験したお買い得ホテルの一例ですが、マラッカ海峡に面したパンコール島のホテル（Pangkor Beach ResortsのOcean view wing）では、3連泊が条件で、1泊2食付きで1泊163RM（2人分）の格安料金でした。

国立公園・動物保護区・世界遺産訪問
　自然志向派にとって、マレーシアは大変魅力的な国です。
　代表的な公園は、ボルネオ島サバ州の東南アジア最高峰のキナバル山（4,095m）で、ここはユネスコの世界自然遺産でもあります。北部ボルネオ島に属する東マレーシアには熱帯雨林が広がり、幾つもの国立公園や動物保護区があります。
　オランウータン保護区では、「森の人」と呼ばれるオランウータンの生態が直ぐ間近で観察する事が出来ます。
　KLから離れた北ボルネオまで飛ばなくても、マレー半島のほぼ中央部に位置し、マレーシア最大の面積を持つ**タマンネガラ国立公園**も有名で、人気があります。ここは全域熱帯雨林のジャングルに覆われた未開の地で、あの世界最大の花といわれる「ラフレシア」や、幻の「マレー虎」に遭えるチャンスもあります。
　また、ペナン島北部のマラッカ海峡にはマレーシア唯一の海洋国立公園のパヤ島もあり、こちらはペナン島から日帰りツアーが人気を呼んでいます。
　筆者は、マレーシア滞在中にタマンネガラ国立公園・セビロックオランウータン保護区・パゴ国立公園・パヤ島海洋国立公園等を訪問する機会を持ちました。「オランウターンとの感動的な遭遇」や「ラフレシア発見の時の興奮」は一生忘れられない貴重な体験でした。

○タマンネガラ国立公園3泊4日探訪ツアーの例
　KLから専用バスで半日掛けて国立公園入口へ行き、そこから小型ボートに乗り換えてさらに3時間急流を遡行。大自然の真っ只中にあるロッジに3泊する。ロッジの設備や、食堂も整っている。現地では専門ガイド付き熱帯雨林の自然観察ツアーや夜行動物観察ツアーも用意されている。参加者は欧米人中心だが、参加しての満足感は大きい。

ビーチリゾートでのんびり

　マレーシアはビーチリゾートも数多くあります。方面としては、①KLから近いマラッカ海峡沿岸、②南シナ海に面したマレー半島東海岸、③東マレーシア・ボルネオ島北部のサバ州・サラワク州の海岸、に大別されます。

　KLから手軽に行けるのは、①のマラッカ海峡沿岸のリゾート地で、設備も一番整っています。南からポートディクソン、パンコール島、ペナン島、ランカウイ島と施設の整ったリゾートが続きますが、パンコール島が一番静かでビーチも海水も綺麗です。

　ポートディクソンはKLから一番近いビーチリゾートなので、一度は訪れましょう。大型で設備も良く整ったホテル、コンドミニアムやレストランも多く、快適な滞在を楽しめます。

　残念ながら、マレーシアは未だ下水道設備が十分普及していない為もあり、マラッカ海峡沿岸の海水透明度は、余り高くはありません。しかし、人もまばらな海岸で、野猿や野鳥の群を眺めて、1日中ぼんやり過すのも中々捨てたものではありません。

Kuala Lumpur

7．この国で暮すための留意点

年金だけで生活出来るか？

　よく聞かれるのは、「マレーシアでロングステイしたいが、年金だけで暮らせるか？」という質問です。これはイエスでもあり、ノーでもあります。

　確かに、マレーシアの物価水準は日本の3分の1程度ですから、年金収入の3倍の生活が可能だともいえます。その点ではイエスでしょう。

　しかし、それには多くの前提条件をクリアする必要があります。日本の自宅維持費やその他の固定経費（税金・保険等）に掛かる経費を差し引いて、余裕が出た分をロングステイ経費に充てなければなりません。

　マレーシアの物価が安いといっても1ヶ月単位で借りる住居費は田舎暮らしでも4、5万円程度はみておきたいもの。これ等を差し引くと、日本人の平均的な年金収入だけで普通の生活をするのは、やや窮屈ではないでしょうか？

幾らあったら暮らせるか？

　では、幾らあればマレーシアで暮らせるか？　それも千差万別です。贅沢しなければ夫婦御二人で月20万円あれば、そこそこのレベルは維持出来るでしょう。

　折角のロングステイだからゴージャスなコンドミニアムを借りて、少々贅沢に暮らそうかとなると35万円は掛けたいと思います。キーポイントは住居費に幾ら掛けるかで、それにより大きな差が出てくるでしょう。日々の生活費は、本当にたいして掛かりません。

　筆者の考えでは、ロングステイを志した段階で、自己の収入・支出の実態をきちんと精査する事から始める事が肝要かと思います。可能な限り余裕を持った資金計画をきちんと立ててから、現地滞在に幾ら掛けられるか、慎重に判断するのが賢明な対応策だと思います。プラス往復の航空運賃です。

Malaysia

イスラムのこと

既に触れましたが、マレーシアはイスラムを国教とした国です。ただイスラム国家の中では、戒律が比較的緩いので、普段はイスラムの事を気に掛けずに済みます。

ところが、しばらく滞在してみると実感出来るのですが、この国は紛れもなく「イスラム国家」だという事です。各州の首長には世襲制の「スルタン」を戴き、イスラムの長として位置付けられています。

日に4度の礼拝とコーランの響き、豚肉を食べない、アルコールは飲まない、左手は不浄である、それに一夫多妻制等々の戒律。これらの事に「日本人は無関係」と鈍感になってしまいがちですが、決して油断されませんように。

多民族国家が抱える矛盾

マレーシアはマレー人中心の国です。しかし中華系・印度系が合わせて約4割もいる多民族国家でもあります。政治の世界こそマレー人が中心ですが、経済分野は中華系が大きな力を持ち、印度系も侮れません。そんな経済力の勢力分布を反映してか、マレー人の権利を守る政策が、政治の力学から出てきます。この国では、独立以来、マレー系民族に優先的地位を与える「ブミプトラ政策」を墨守してきてますが、その弊害も見られます。余り働かないが優位な権利を持つマレー系と、経済での実力を蓄えている中華系、印度系との相克です。現在は、政権の巧みな統治力で矛盾が表面化しておりませんが、常時くすぶり続けているこの国の「陰」の部分です。滞在中にそれを感じる事でしょう。

Kuala Lumpur

8. 東洋の真珠「ペナン島での過し方」

　KLと共に、日本人ロングステイヤーに人気の高いペナン島での過し方について、抄録を書き抜き致します。
・東洋の真珠と呼ばれる小さい島ですが、過ごしやすい島です。
・ペナンへは、KLより国内便で入ります。（バス便もあります）
・島内交通機関は、空港往復を含めて、タクシー利用となります。
・滞在場所は、KLと同様ですが、滞在費は2割以上割安です。

土地勘を楽しむ
①先ずは街の探検に出る
　ペナン島は東西15km、南北24kmの小さな島です。滞在先に落ち着いたら、早速、街の探検に出掛けましょう。先ずは、コンドミニアムなどの滞在先の周辺を自分の足で歩いてみる事です。クアラルンプールと比較すると、極めて狭い街です。コンドミニアムが多く所在する島の北西部の海岸沿いには、3本の道路がジョージタウン（George Town）から伸びています。これらの道路周辺に、ホテル、コンド群、ショッピングモール、デパート、朝市、商店街、屋台村、銀行等が揃っています。先ずは、滞在先のコンドミニアムから、これらの所在地を確認するため、歩ける範囲で確かめてみましょう。
②高層ビル・コムターに行き、地図やパンフレットを手に入れる
　次に、ペナンの中心であるジョージタウンのタウンウォッチングです。滞在先からの距離にもよりますが、最初はタクシーを拾って街の中心に出掛けます。タクシーは定められた場所があり、何台も客待ちをしていますから直ぐに見付かります。目指すは円形高層ビル「コムター（Komtar）」です。このコムターはペナン随一の65階建てなので、遠くからも見付ける事の出来るペナンのランドマークタワーです。街歩きで迷ったら、天を仰ぎこのコ

Malaysia

ペナンのランドマーク「コムター」(写真提供:マレーシア政府観光局)

ムターを探すか、付近の住民に聞くことです。市民は誰でもコムターを知っています。このコムターやその周辺には、バスターミナル、銀行、郵便局、ホテル、デパート等が立地しており実に便利です。近くの書店・コンビニエンスストア・旅行代理店等に飛び込んで、地元の地図を手に入れます。地図は出来るだけ詳細な街路図を手に入れましょう。

コムターにある州政府観光案内所でも各種案内地図やパンフレットが用意されていますので、早めに一度訪ねると良いでしょう。これ等の地図は、街に買物等で出掛ける際に必ず携行します。

③ジョージタウンを歩く

地図で自分の位置を確かめたら、コムターから北東方面の海岸目指して歩いてみます。

ジョージタウンの主要な見所は、コムターと海岸線の間に詰まっているので、殆ど徒歩圏と考えても良いでしょう。また、有名レストランや日本料理

Kuala Lumpur

店、土産店、日本の新聞を売っているスタンドもこの辺りに沢山あります。

　街の北東の海岸突端には英国植民地時代からの要塞やキリスト教関係の遺跡群が集中しています。これ等の施設群とジョージタウンの街並みが、2008年にユネスコの世界遺産に登録されました。いずれの施設も相当に老朽化が進んでいますが、近年復旧工事が進められ、復元された施設も見掛けます。これらを見て廻れば、ペナン島の観光はほぼ卒業です。

　この一帯を廻る方法としては、「足で歩き回る」「人力車（トライショー）を雇う」「無料循環シャトルバス（コムター基点）に乗る」「タクシーに乗る」等の手段を選ぶと良いでしょう。まあ、極めて狭い範囲に「見所」は凝縮されてますし、日中の暑さを考えると、最初はシャトルバスか人力車を利用して位置関係を確認すると良いのではないでしょうか。

④必見のペナン島の名所

　ペナン島には、ジョージタウン以外にも名所は数多くあります。ガイドブック片手に訪れると良いでしょう。いずれもそう遠い所ではありませんので、タクシーを拾って行けば良い距離です。その中で、ここは必見と思われるスポットを2ヶ所ご紹介しておきます。

　先ずは標高830米の「**ペナンヒル（Penang Hill）**」。

　ジョージタウンの背後に聳える山並みは、古くから高原避暑地として開発されており、麓からはケーブルカーで登って行きます。頂上からはジョージタウンやマレー半島、マラッカ海峡の眺望が素晴らしく、ホテルもあるので食事も楽しめます。特に夜景が素晴らしいので、夕食を楽しみながらの訪問がお勧めです。

　もう1ヶ所は「**ペナン熱帯植物園（Penang Botanical Garden）**」。

　ジョージタウンの北部にある入場無料の植物園で、広大な敷地に数多くの熱帯植物が繁茂しており、巡回道路も良く整備され、入園者も少なく、静かな雰囲気を楽しめます。色鮮やかな花々を育てている温室も多く、半日はタップリ楽しめます。また、この公園では野猿の群れにも遭えます。ここはペ

Malaysia

ナン島の穴場ともいえましょう。公園入口近くには「バティック」の染色工房もあり、こちらも興味のある人には必見です。

買物に慣れる

　ペナン島には、大きなショッピングセンターが何ヶ所かありますが、一番の繁華街はコムター周辺にあります。ペナン島の殆どの大型店は中華系資本です。KLの様に日本資本のスーパー等はありませんが、日本の食材・調味料等はこれら中華系大型店や日本食材店で調達出来ます。銀行・両替商・レストランビル・屋台村・日本料理店等も多く、コムター周辺を歩いているとほぼ欲しい物は何でも揃います。ビール、ミネラルウォーターは安価で、何処でも手に入ります。

　生活に必要な野菜・肉・魚介等の生鮮食品や日用品は近くの朝市で探すと、良いでしょう。朝市の周りには朝飯屋や屋台が出ているので、ここで朝食を取る楽しみもあります。

　特に、ガーニードライブに近いプラウティクスの朝市は、日本人にも人気の高い朝市で、新鮮な食材が豊富です。しかも飛び切り安価ですので、是非、探してみて下さい。

食事に行く

　ペナンは、何処に行っても食事代金がとても安く、美味いのも嬉しい限りです。お値段はKLより２割程度安いといわれてます。KLの様に洗練された高級レストランは多くはありませんが、逆に気楽に入れるお店が多いのが特徴です。

　食事代は、お昼で6RM〜10RM。夕食代はビール付き30RM〜70RMで十分に満足します。しかも中華系人口が７割を占めているため、美味しくて安い中華料理を堪能出来る訳です。

　ペナンでは、中華料理の中でも、「シーフード（海鮮料理）」と「スチーム

Kuala Lumpur

ボート」と呼ばれるアツアツ鍋料理がお勧めです。海鮮料理屋はガーニードライブの海沿いに、スチームボート屋は街中で多く見られます。魚介が新鮮なのと、鍋の具が豊富なこの2種類の中華料理は、筆者も何度か賞味しましたが、お値段、料理の質量ともに満足出来る内容です。

　庶民の食べ物として人気のミーゴレン（やきそば）、ナシゴレン（焼飯）、プロウンミー（海老そば）、バクテー（肉骨茶）等は5RM位で、街の何処でも手軽に味わえます。最も庶民的な食べ物屋である屋台も、街中で見掛けますが、ペナンは治安が良いので、夕方から市民の集まる屋台村に入り込んでも、安全です。

　この島でも日本食は人気で、市民相手の日本食堂も多く見掛けますが、いわゆる「ナンチャッテ日本食」もありますので、要注意です。日本食レストランに行く場合、日本人客が多いか、メニューはどうか等を確認してから入ると間違いないでしょう。

趣味を堪能する

①ゴルフ

　ペナン島周辺にも6ヶ所のゴルフ場が点在しており、何処もそれ程混んではいませんので、当日に直接行ってもほぼ何時でもプレー出来ます。但し、ペナン島内のゴルフ場は「ブキットジャンブルCC」の1ヶ所のみで、多くはマレー半島側に所在している為、往復の足の問題が生じます。足としてはタクシー利用ですが、旅行会社で送迎付きのゴルフパッケージを買うのが一般的な様です。KL周辺に比べ、更に安価（150RM程度）にプレーが楽しめます。但し、日中はかなりの暑さなので避ける様に。早朝ゴルフがお勧めです。

②ビーチリゾートライフ

　ペナンを有名にしたのは多くのビーチリゾートのお陰といっても過言ではありません。

Malaysia

　ジョージタウンから西に広がる海沿いには何キロにもわたって大規模なビーチリゾートが展開しています。ゴージャスな大型ホテルやコンドミニアムが海岸を埋め尽くしている様は見事です。この一帯に滞在するのが一番理想的なロングステイといえましょう。

　残念なのは、ペナンの海は、必ずしも透明度が高くないことです。従って、何処のビーチに行っても海に入っている人は余り見掛けません。海岸沿いにあるホテル等のプールサイドでのんびり過ごす人が多い様です。何処でもプールサイドで軽食や飲料のサービスが行われており、日陰で読書を楽しむのも、ペナン流の楽しみ方です。

　ジョージタウンの海岸には世界的に有名な「イースタン＆オリエンタルホテル」があります。そのクラシカルな建物は一見の価値あり。食事も、プールサイドから見る海岸線の眺めも一級品です。

海岸沿いにあるコンドミニアム群

Vancouver

Chapter Ⅱ

豊かな自然と調和した街
「バンクーバー」

1. カナダという国

G8 先進国の一員である近代国家

　アメリカ合衆国の北側に位置する大国カナダは、米国と同様に大英帝国の植民地として長く統治されていました。アメリカ独立後も英仏の植民地であり続け、1848年に自治権を与えられるまで、従属的で不安定な立場でした。今日でも、イギリス連邦の重要な構成国であり、イギリスのエリザベスⅡ世女王を元首に戴く「立憲君主制」の国家である事は、日本では余り知られておりません。独立後は、近代国家として発展を続け、G8（サミット8ヶ国）の一員として、世界の平和と発展に大いに貢献しています。経済的には、アメリカの影響を強く受けていますが、政治的にはそのアメリカともイギリスとも一線を画した、独自の歩みをしています。

アングロサクソン主体とはいえ移民の多く住む若々しい国

　大英帝国の植民地であったため、国民の過半は英語を話すアングロサクソン系ですが、東部のケベック州を中心に仏語を話す国民も多数居住し、この使用言語がもとで、時には仏語圏の独立運動が烈しくなる事もあります。国体統一の為、今日でもカナダの公用語は英語と仏語が併用され、交通案内表示・商品案内表示には必ず英語・仏語が併記されています。

　また、国力が拡大するに連れ、足りない労働力を補うために、積極的に世

界中から若い移民の受け入れを進めています。世界でも移民の構成率の最も高い国の一つであり、その共通言語として、殆どの国民が英語を話す事が出来ます。さらに香港の中国返還以降は、西部太平洋岸を中心に中華系移民が急増しました。

広大な国土と少ない人口、豊富な天然資源と大自然に恵まれた国

　北アメリカ大陸の北半分をその国土としているカナダは、ロシアに次いで世界第2位の広大な国土を有しています。国内には大西洋岸から太平洋岸まで5時間の時差があります。その大部分は不毛の凍土か氷に覆われた極北の地であり、日本の約26.3倍の巨大な国土に住んでいる国民は、わずか3,250万人。日本の4分の1の人口しか住んでいない計算になります。居住可能な地域は、アメリカ国境に近い南部に限定されていますが、それでも人口密度の高い日本からみれば、誠に羨ましい限りです。

　その広大な国土には、石油、天然ガスを始めてとした豊富な天然資源が眠っています。この豊富な天然資源の存在が、カナダの国力伸張に大きく貢献している事はご存知の通りです。また、カナディアンロッキーに代表される雄大な大自然の美しさは、この国の観光事業発展に大いに寄与しています。地球環境問題が大きくクローズアップされている今日、カナダの有する自然環境の価値は益々大きくなっていくものと思われます。

カナダの典型的な高速道路風景

Vancouver

2. バンクーバーという街

ブリティッシュコロンビア（BC）州を代表する近代的な大都市

　バンクーバーは、カナダ西部の太平洋岸に面したカナダ第3の都市です。カナダの政治・経済の中心は東部のトロント、モントリオール周辺に集中していますが、カナディアンロッキーを越えたカナダ西部のブリティッシュコロンビア（以下「BC」と省略します）州は若々しい活気に溢れた地域であります。その中心がバンクーバーです。

　なお、BC州の州都は、バンクーバーの対岸にある大きなバンクーバー島にあるビクトリア市です。また、BC州の公用語は英語と定められています。

　バンクーバーは、人口220万人といわれていますが、これは郊外の衛星都市群を加えた「グレーターバンクーバー」圏の人口です。バンクーバー市の中心は「ダウンタウン」と呼ばれ、狭い地域に高層建築が林立した美しい近代都市です。在バンクーバー日本国総領事館もあります。

カナダ太平洋沿岸経済の中心都市

　バンクーバー都心の「ダウンタウン」地区は、それ程大きな地域ではありませんが、バンクーバーの経済を始めとする中枢機能はこの中にコンパクトに凝集されています。

　ウォーターフロントは再開発が進み、超高層のオフィスビルや瀟洒なアパートメントが林立しています。さらに2010年開催の冬季オリンピックに向けた大規模な土木工事も盛んに行われていて、実に活気に満ち溢れています。四囲を海に囲まれており、大規模な港湾施設の整備も進み、アジアとの貿易拠点として発展を遂げています。

　また近代的な客船ターミナルを利用した「アラスカクルーズ」の出航基地としても活況を呈し、ピークシーズンには、週に21便の大型クルーズ船が出入港しています。

比較的温暖な気候に恵まれ、世界中から多くの観光客が訪れる街でもあり、観光産業も市の経済基盤を支える重要な産業です。

アジア系移民の急増が著しい国際都市

　バンクーバーは、積極的な移民政策の結果、アジア系移民が非常に目立つ街です。日系人は約17,000人。第2次世界大戦時に、奥地への強制移住等の苦難の時代を乗り越えて、着実に増加しており、この街に大きな地歩を築いてきました。

　香港の中国返還時には、大量の中華系の人々がこのBC州に移民してきており、一部地域では、住民の3割が中華系という特異な現象も起きています。その他、フィリピン人、韓国人も多数移住しており、市人口の36.7％は、これら移民が占めています（2001年国勢調査）。そのため街には、至るところに漢字、ハングル文字の看板が目立ち、地域によってはアジアの都市かと見紛うばかりの雰囲気もあります。

　近年、カナダでは、不動産価格の値上がりが続いています。特に、BC州でその傾向が大きく、2007年には前年同期比で14％値上がりしたと報道されました。その上、カナダドル（C$）が高騰して（円安）、日本人の滞在者にとって大きなネックに成りつつあります。

グランビル島から見た高層コンドミニアム群

Vancouver

3. バンクーバーへの行き方

日本からの航空便

　バンクーバーへは日本航空（JL）とエアカナダ（AC）が成田空港から毎日直行便を運航しています。AC便は全日空（ANA）との共同運航便です。成田からの直行便は8時間半を要します。使用機材は大型機ですが、直行便数はそれ程多くは飛んでいませんので、早めの予約が必要です。詳しくは各航空会社で確認しましょう。

　なお、関西空港発着のAC便は現在運航休止しています。

　旅慣れた方で直行便に拘らなければ、米国西海岸経由の米国航空会社の選択も出来ます。その場合でも直行便より、必ず値段が安いとは限りませんし、米国で乗り継ぐだけでも「米国入国手続」が必要等の煩雑さがありますので、時間を掛けて良く比較してみる事です。

　なお、日本/バンクーバー間は17時間（サマータイム時には16時間）の時差があり、日本の正午がバンクーバーでは、前日の午後7時です。時差が大きいため、バンクーバー到着後、現地時間に体を合わせるのに（いわゆる「時差ボケ」）、少々手間取ります。

入国手続きと両替

　バンクーバー空港ターミナルは比較的コンパクトに出来ており、国際便はそれ程多くはありません。

　カナダ入国では、日本国籍で観光を目的としている場合、6ヶ月以内滞在予定者は「ビザ免除」となります。

　機内で入国カードが渡されますが、これは税関申告用と共通で1枚の記入で済みます。最初に「入国審査」に向かいますが、常時混雑していて係官が行列の指示をしています。カナダ入国手続きは結構時間を要しますし、係官の質問も多いので、滞在期間、滞在先や滞在目的は事前に英語で応答出来

るようにしておきましょう。

　税関は手荷物を開ける様な厳しい検査はあまり見掛けませんが、税関申告書の記載内容で「No」とすべき欄は正確に記入します。

　通常は、日本を出る前にカナダ通貨を入手済みと思いますが、必要な場合は、税関周辺に銀行が深夜早朝でも開いていますので両替します。

　なお、カナダ通貨の単位は「カナダドル（C$）」と表示されます。

　C$1.00は約88円（2009年7月末現在）です。C$1.00＝90円と覚えておくと支払い時の簡便な換算に便利でしたが、筆者が滞在した2007年4月～7月までの間にC$1.00は約100円から115円前後まで急騰しました。このように、この1～2年はカナダドルの値動きが激しく、しかも変動幅が大きいので常に注意が必要です。

バンクーバー空港から市内への交通手段

　バンクーバー空港から市内中心まではそれ程離れていません。市内の滞在先までの交通手段は次の4種から選択すると良いでしょう。

　①日本で予約したリムジンを利用する。
　②エアポートタクシーに乗る。
　③主要ホテル行きのエアポートバスに乗る。
　④スカイトレイン新線（カナダライン）でダウンタウンまで行き、タクシーに乗り換える。

　①のリムジンは、日本の旅行会社で手配してくれます。到着口まで運転手が出迎えにきてくれて、荷物を運び、滞在先まで確実に連れて行ってくれますので安心です。日系人の運転手もおり、値段は会社により不特定ですが、市内まで近いので、それ程負担になる金額ではありません。

　②のエアポートタクシーは、到着口を出たところにタクシーが並んでいます。ここで行き先を告げ乗車します。

Vancouver

　③のエアポートバスは、ダウンタウンの主要ホテルを巡って、順次降ろしてくれます。これで滞在先の近くまで行くと、安く挙がるでしょう（お1人 C$13.50）

　なお、④のスカイトレイン新線（カナダライン）は、2009年8月に開通しました。空港からダウンタウンとリッチモンドが結ばれ、これを利用すれば短時間でダウンタウンまで到着出来ます。

　ロングステイの到着時は、確実に滞在先まで辿り着く事が大事ですから、①のリムジン利用が無難です。最初だけは奮発して安全確実な手段を選ぶ事をお勧めします。

バンクーバー市内の交通機関

　人口220万人が住む「グレーターバンクーバー」圏は、周辺の衛星都市を含め相当広範囲な広がりのある大都市圏です。

　バンクーバーでの主要交通機関はトランスリンク（Trans Link）が運営する「市バス」と前述の無人走行のリニアモーター駆動鉄道「スカイトレイン」が主体となります。スカイトレインはダウンタウンのウォーターフロント駅から郊外へ3線が運行されているのみでしたが、2010年2月に開催されるバンクーバー冬季オリンピックに向けて、ダウンタウンから空港経由リッチモンド市までの新線（カナダライン）19.5キロが開通しました。この新線の開通によって、バンクーバーの交通事情は飛躍的に改善されるでしょう。

　市バスは、ダウンタウン発着を中心に、市内の主要ターミナルや繁華街を縦横に結ぶ路線を持ち、運行間隔も短いので、実に利用しやすい交通機関です。市バスとスカイトレインは「共通乗車券」もあり、この2種の乗り方に慣れてくれば、毎日の行動範囲も広がります。市内の主要なスポットもこの2種の乗り物で巡ることが出来るので、生活の楽しさが倍加されます。「トランスリンク」の路線図は入手しやすいので、常時持ち歩くと便利です。

スカイトレインとバンクーバーの高層ビル（PANA）

市内の道路は碁盤目状が多く、分りやすいと思います。

　また、長期滞在者には1ヶ月単位の「マンスリーパス（Monthly Pass）」があり、非常に便利です。大人C\$69、65歳以上はC\$40でお買い得です。スーパーや駅近くのコンビニエンスストアで販売しています。このマンスリーパスの有効期間は「月初1日から月末」ですので、月の中途から利用する場合には無駄になります。購入にあたっては、利用期間に注意しましょう。

　スカイトレインは、主として通勤通学用の郊外電車ですが、カナダラインの開通により、日常の買物にも大変重宝な路線が誕生したので、大いにこの新線を活用しましょう。

　なお、タクシーは料金が安いので、近距離中心に利用します。

Vancouver

4. 何処に滞在するか

コンドミニアム（アパートメントホテル・サービスアパート）

　この国のロングステイ滞在先としては、コンドミニアム（通称「コンド」）が一般的です。アパートメントホテル・サービスアパート等の名称も使われますが、ほぼ同一形態です。カナダでは、ロングステイ用の施設が、全国各都市、有名リゾートに良く整備されていて、利用者も多数おり、極めてポピュラーな宿泊施設です。

　その貸し出し形態は、主に次の通りです。
①建物全体がコンドミニアム用に作られている。
②一般市民の住むアパートメントの一部の住戸をコンドミニアムとして貸し出す。
③別荘の所有者が自分の利用しない特定の時期だけ貸し出す。

　バンクーバーのウォーターフロント地区では、美しい海景を楽しめる大規模なコンドミニアムが激増して人気を博しています。

　賃借料は夏期でC$2,000以上の施設が多いのですが、高い賃料ながら高級感があり、満足度の高いコンドミニアムが簡単に見付かります。

　ダウンタウンを外れれば、静かで緑が多い低層の住宅地区が広がっており、そんな地区のコンドミニアムはやや安くなります。

　その施設内容ですが、これも多種類あります。日本のマンション風でいえば、2LDK（2ベッドルームとリビング・ダイニング、キッチン、バストイレ付き）が、一般的です。

　最小でも、ベッドルームとリビングルームが分離され、これに冷蔵庫付きのキッチンとバストイレは付いてます。家具や最低限の食器、調理器具も揃ってるので、直ぐ生活を始める事が出来ます。

　筆者がバンクーバーで滞在したのは、市内在住の台湾人の友人経由で探し

筆者が滞在したコンドミニアムの主な設備・サービスの内容

	設備・サービス	その内容
①	建物全体	4階建の建物1棟50戸（エレベーター1機）、建物の出入りは専用キー利用（警備員付き）。
②	居住ルーム	3階の2LDK（約40㎡）。
③	リビングルーム	ダイニングセット付きで、緑の濃い住宅街の眺望が素晴らしい。
④	ベッドルーム	ベッド2台と大型クローゼット付き。
⑤	キッチン	機能的な設備で使い勝手は大変良い。冷蔵庫は大型。本格的な調理が可能で、電子レンジ、オーブン、炊飯器等の機器も充実。調理・食事用具は簡単な常備品あり。
⑥	浴室	シャワー付きバスタブ。
⑦	トイレット	通常のホテル設備と同程度。
⑧	ランドリー	地下のコインランドリー室を利用。（1回：C$2.50）
⑨	付帯設備	1階にスナックあり。
⑩	室内清掃・リネン	滞在の全期間、自己責任。 （リネン予備あり。掃除機・アイロン付き）
⑪	ＴＶ・ＣＤ	TVは国内放送のみ。 NHK衛星放送受信は別途依頼可能（有料）。
⑫	新聞	サービス無し。
⑬	インターネット	各ルームにインターネット無線LAN接続端子あり、常時接続可能。（無料）
⑭	付随施設の案内	特に目立った施設は無し。
⑮	食事	近くのショッピングモールや市場で豊富な食材、惣菜を調達して調理する機会が多い。
⑯	滞在費総額／月額	C$1,800＝当時の日本円換算約 200,000円 （電気・水道・ガス代は賃料込み）

Vancouver

コンドミニアムのとても機能的なキッチン

たコンドミニアムです。ダウンタウンから空港方面に向かうとショーネシー（Shaughnessy）と呼ばれる緑濃い住宅街が広がります。この地区の4階建ての小型コンドミニアムに1ヶ月半滞在しました。

ホテル

　ロングステイでホテル住いするケースは少ないでしょう。最大のネックはお値段が相当張ることでしょうが、さらにはスイートルームでもない限り、広さには限りがあり窮屈なことや、キッチン等の長期滞在用の設備が無いことも利用しにくい理由です。

　筆者のお勧めするホテル利用術は、KLの時と同じく、最初の2、3泊を市内中心のホテルに泊ることです。その間に市内の様子や、滞在予定先のコンドミニアムの下見などをして、心身をその街に合わせる準備期間とするのです。

個人住宅のハウスシェア・別荘

　住宅街には、個人住宅の一部をロングステイ用に賃貸したり、都市郊外の別荘を月単位でロングステイ用に賃貸したりしているケースがあります。比較的若い家主が住宅ローンの軽減の一助に貸し出しているケースも多いようです。個人住宅をシェアする場合に注意したいのは、ルームにキッチンが付いているかどうかの事前確認です。家主のキッチンと共同利用であったり、冷蔵庫もその一部を借りたりするスタイルもあります。これでは相当の制約を受けますので、ロングステイ向きとはいえません。

　別荘の場合は、概ね一戸建てで、コンドミニアムと同様の設備が完備しています。カナダでは、別荘の賃貸は大変ポピュラーで、インターネット経由で簡単に探す事も出来ますが、事前にその別荘の内容を十分把握する事がやや困難なので、若干の不安もあります。

　筆者がバンクーバー島の田舎で1ヶ月借りた別荘は、手造りの小さな2LDKの建物でしたが、快適な田舎住いを経験出来ました。

　その別荘は、バンクーバー海峡の海岸に面した小高い丘にあり、50m程坂を下ると海岸に出る事が出来ます。引き潮時には、かなり遠くまで岩場が出て、大きな食用の牡蠣なども多数拾えます。

　日中にはヨットやカヌーがゆっくりと滑り、夕方には、バンクーバー港を出航するアラスカへの大型クルーズ船が行き交う情景をベランダ越しに眺めたり、周囲には別荘があるのみの静寂な生活を楽しみました。時折、鹿やリス類も庭にやって来ます。

　室内は、オール電化の快適な造りで、インターネットも接続出来、利便性も兼ね備えた申し分のない別荘でした。

　（月額 C$2,000 ＝約￥220,000）。

Vancouver

5. バンクーバーでの過し方

土地勘を早く掴む

①街の探検に出る

　滞在先に落ち着いたら、早速、街の探検に出掛けましょう。先ずは、コンドミニアムなどの滞在先の周辺を自分の足で歩いてみる事です。

②地図やパンフレット類を手に入れる

　次に、近くの書店・コンビニエンスストア等に飛び込んで、地元の地図を手に入れます。地図はグレーターバンクーバー全体図から繁華街の詳細地図まで種類は揃っています。出来るだけ詳細な地図を手に入れましょう。それとトランスリンク（Trans Link）の路線バスとリニア鉄道スカイトレインの路線図も早めに手に入れる事です。「Fare Dealer」の表示のあるスーパーやコンビニエンスストアに置いてあります（有料）。近くの図書館やコミュニティセンターでも手に入ります。

　地元の旅行会社の中には、手造りの日本語市内ガイドマップを置いているところもあります。「カナダプレース」の近くにある「？」印の市政府観光案内所でも日本語の各種案内地図やパンフレットが用意されていますので、早めに一度訪ねると良いでしょう。

　日本人向けの「ミニコミ誌」も便利です。バンクーバーでも週刊のミニコミ誌（C$1.00）が何種かあり、和食レストラン等で手に入ります。各種の広告も多く、短期の滞在者にも有用な情報源になります。

　また、特筆すべきは日系人のための職業別電話帳「ダイヤルバンクーバー」の存在です。電話帳のみならず最新のバンクーバーの正確なデータや、ロングステイに必要な各種情報が、日本語で満載されています。（C$9.35）

③市バスとスカイトレインに乗ってみる

　次にトランスリンクが運営する「市バス」と「スカイトレイン」に乗ってみます。

Canada

　「市バス」に乗車すると、先払いでコインを入れます。おつりは出ませんので注意してください。運転手に行先や乗り継ぎ、運賃を確認すると親切に教えてくれます。市バス・スカイトレインに加えシーバス利用時に注意したいのは、バンクーバーでは、ゾーン制度を取っていて、市内をZone1、2、3に区分して運賃が決められています。ダウンタウン中心に乗っている限りは「Zone1の定額C$2.50」ですが、Zone1、2、3を相互に跨いで乗車すると運賃が加算されます。乗車時にチケットに時刻が刻印され、その時点から90分以内は、市バス・スカイトレイン・シーバスの相互乗り換えは同一チケットで乗車船出来て便利です。

　バンクーバーでは市バスが主力の公共交通機関ですから、早くその利用方法に慣れる様にしましょう。市バス乗車に慣れると、実に便利で簡単な交通機関で、何処へでも出掛けられるようになります。

　なお、1回毎の支払いよりも、10枚擦りの回数券の利用や、1日乗り放題の「デイパス（Day Pass）」、1ヶ月単位の「マンスリーパス（Monthly Pass）」も割引率が高く便利です。

　65歳以上の方は、1回乗車でも、マンスリーパスでも総て大幅な割引がありますので活用しましょう。（2007年の例；月単位大人C$69が、65歳以上はC$40）

　「スカイトレイン」は以前は2路線しかなかったので、この沿線に居住しないかぎり、あまり利用する機会はありませんでしたが、新線のカナダラインが開通しました。この沿線にはバンクーバー国際空港や日系や中華系居住者の多いリッチモンド市があり、買物等の利便性が高い路線です。

　「スカイトレイン」は総て無人駅で、運転も無人自動運転です。乗車券は駅構内の自動販売機で販売しています。無賃乗車には高額な罰金が科せられますので、注意しましょう。

　最後に、「シーバス（Sea Bus）」ですが、ダウンタウンのウォーターフロント駅とノースバンクーバーを結ぶ乗客専用フェリー（乗船時間12分）

Vancouver

で、主として通勤用に利用されています。

④観光バスに乗る

　日本語ガイド付きの市内定期観光バスで市内の名所を一巡しておくと、バンクーバーの全体像の把握に大いに役立ちます。地元の旅行会社で予約して利用します。市内観光の他にも、冬季オリンピック会場のウィスラーや州都ヴィクトリア市等の郊外のリゾート地に日帰りで行くツアーもあります。これ等も手頃な料金で楽しむ事が出来ますので、利用価値が高いでしょう。

買物に慣れる

　バンクーバーの「ダウンタウン」は、全体が大きなショッピングセンターといえます。

　その中心はロブソン通りとグランビル通りが交差する一帯です。デパート、ショッピングモール、ホテル、専門店、オフィスビルが集中しており、この周辺を歩いていると衣料やお土産など欲しい物は大体揃います。また、世界各国料理のレストランも集中しており、中華・和食・韓国料理専門店も多く見掛けます。この辺りには日本食品を専門に扱うコンビニエンスストアもあり、日本の古本屋「Book-off」も大型店を出しています。

　このダウンタウンは行き交う人たちも国際的で、特にアジア系の人々が目立つ街です。

　衣料品は米国系のチェーンも多く見られますが、総じて高い印象です。

　食料品は、ダウンタウンより郊外のスーパーマーケットで纏め買いする方が良いでしょう。

　ダウンタウンの先、空港をはさんで南部に広がるリッチモンド市は、近年急激に発展した衛星都市です。このリッチモンドには、中華系の移民が多く住み、中華系人気スーパーマーケット「大統華」もあり、これに韓国系、日系の店舗が加わり、街に入っていくと漢字やハングルの看板が氾濫していて、とても米大陸にある街とは思えない程です。

その中心に「ヤオハンセンター」があります。この中には日本食品や中華食品を豊富に扱うスーパーマーケットがあり、日本食品の買物には重宝します。バンクーバーでは珍しい鮮魚・活魚も多く販売され、大変活気があり、お客も売り子も殆どが中華系で中国語の会話が飛び交っています。また、この周辺には、100円均一の「ダイソー」、日本食品専門「いずみ屋」もあり、この周辺を歩くと大よそ手に入れたい日用品は殆ど見付かります。

リッチモンド市への買い物ツアーには、カナダライン・アバディーン（Aberdeen）駅を利用すると大変便利です。

生鮮食料品の調達場所としては、ダウンタウンに近いチャイナタウンやグランビルアイランドの市場も良いでしょう。どちらも、八百屋・肉屋・魚屋が多く出店しており、散策を兼ねたショッピングにゆっくり時間を掛けて楽しめます。

カナダでの買物で気を付けなければならないのは、「税金」です。食料品や日用品の価格レベルは決して高くはないのですが、小売価格にカナダ連邦税「GST7%」、BC州税「PST7%（酒タバコは10%）」が加算されます。従って、実際の支払は相当高く付きます。

グランビル島の大型生鮮市場にある商店

Vancouver

食事に行く
①値段と名物料理

　バンクーバーで外食するのは嬉しい限りです。食事代金が安く、美味いものが多いからです。贅沢をしなければ、外食代はそれ程掛かりません。

　外食で気を使うのは、日本人にとっては一番煩わしいチップ問題です。カナダでは、請求額に15％上乗せしてチップを支払う習慣が定着しています。

　その為、メニュー単価は安くてもカナダ連邦税「GST 7％」、BC州税「PST 7％」とチップ15％程度を加算して支払う総額は、当初想定した金額より、かなり膨らみますので気を付けましょう。

　チップ問題を簡便に処理する方法の一つは、支払をカード払いする事です。カードを提示すると署名コピーに必ず空白の「Tip」の欄がありますので、ここに15％の概算額を手書きして出すとOKです。食事代金にチップを上乗せしてカード請求されます。

　カナダの名物料理ですが、カナダ固有の料理は少ないようです。カナダ人に聞いても名物料理は特に思い浮かばないといいます。敢えていえば「パシフィックコースト料理（魚主体）」だそうですが、残念ながらこれぞという味には出会えませんでした。

　魚介類では、牡蠣が一般的です。殻付き牡蠣にレモンを載せて出てきます。ですが、これもそれ程ポピュラーではありません。

　むしろ、「カナダ風中華料理？」が一番ポピュラーかもしれません。街の至るところに漢字看板のお店がありますが、多くは中華レストランです。街中の小型中華レストランは、値段も安く、味も失望する事はありません。

②食事処

　食事の店も多種類あり、それこそピンからキリです。

　値段だけから見れば、コーヒースタンドなどのファストフード、スーパー内のフードコート、レストランの順で高級化していく様ですが、スタンドで

買ったパンやピザ類を頬張りながら歩くビジネスマンも良く見掛けます。マクドナルド等のファストフード店は街中に沢山看板を見掛け、御昼時には行列を作っており、カナダ人はお昼を安直に済ませている様子が伺えます。

変わった処では、イタリヤ料理や韓国料理屋で、人気があります。

③日本食

日本レストランも多く見掛けます。味も値段も、それこそピンからキリで、お昼などは、C$10以内で済ます事も可能です。

夕食でも、構えの大きな日本料理屋を別にすれば、ちょっとした居酒屋風な店で、1人分C$30見当で楽しめます。その中でも、回転寿司は人気ですが、生ものは少なく巻き物中心の品揃えです。和食を総じていえば、海に囲まれているのに、何故か生鮮魚の流通が少なく、「刺身」類はかなり高いのが不思議な印象です。

④果物

バンクーバーでは果物の種類が豊富で、美味しく、値段も安価です。5月頃は国内産の果物は無いのですが、メキシコ産や米国フロリダ産・カリフォルニア産の果物が陸路でどんどん入って来るのだそうです。7月に入るとカナダ産の甘いサクランボ等の果物も多く出回ります。市場やスーパーの果物コーナーは、何処も大変充実しています。

⑤アルコール

アルコールは日本の様に何処でも簡単に手には入りません。ＢＣ州の酒の販売は民営化されておらず、通常はライセンスを受けた「BC Liquor Store」という店でしか酒を購入出来ないからです。しかも、たいてい日曜日には営業しておらず、営業時間も午後の早い時間に閉まってしまうことが多く、一苦労します。

アルコール類の中ではビールが一般的な飲み物で、カナダ産のコッカニー(Kokanee)というビールが良く飲まれています。「BC Liquor Store」でメーカー別に山積みされている風景は日本と同じです。メーカーによって価

Vancouver

格の差はありますが、ビール350mlでC$1.65前後ですので、かなり安い国です。

　輸入ウイスキー、ウォッカ等の種類も多く、米国産の日本酒も手に入ります。

　ワインは輸入品が豊富に入っていますが、お買い得はカナダ産ワインです。同じＢＣ州のオカナガン地方は、８０以上のワイナリーが点在し、新しいワイン産地として世界的に脚光を浴び始めています。そのため良質なワインがリーズナブルな価格で販売されています。

　なお、カナダはアルコールの法律が厳しい国です。公共の場所で飲むことは違法ですので、気を付けましょう。

趣味を堪能する

①ダウンタウン名所巡り

　ガイドブックを片手に、行って見たいスポットを順次訪ねてみます。

　すでに述べましたが、バンクーバーのダウンタウンはコンパクトに纏まった狭い地域に集中しています。市路線バスが縦横に走っていますので、バスと徒歩を上手に組み合わせてダウンタウン探訪を始めましょう。

　街の中心は東西に走るロブソン通り（Robson St.）です。バンクーバーを代表する大繁華街で昼も夜も観光客で賑わっています。この通りの西外れには、広大な自然林と海に囲まれたスタンレー公園（Stanley Park）があります。その手前、ウエストエンド（West End）やイングリッシュベイ(English Bay)はエスニックな雰囲気が漂い、美しい海岸が広がります。

　ロブソン通りと交差するグランビル通り（Granville St.）の高層ビル街を北へ向かうとウォーターフロント(Waterfront)に出ます。ウォーターフロント駅周辺の再開発も進み、楽しい散策が出来ます。ガスタウン(Gastown)、カナダプレース(Canada Place)も一緒に廻り、近くには市政府観光案内所もあるので、地図やパンフレットを入手しましょう。

Canada

ダウンタウン観光に欠かせないガスタウン

　ダウンタウンの外れには、東にチャイナタウン（China Town）、南にグランビル島(Granville Is.)があり、それぞれ半日散策しても飽きません。
②ウォーキング
　バンクーバーの郊外は緑に溢れています。広大な公園も多く、ウォーキングには絶好の街です。歩道も良く整備されて歩行者にとても優しい街です。静かな住宅街も絶好の散策路です。ここではウォーキングに適したスポットを幾つか紹介しましょう。
・スタンレー公園
　スタンレー公園はダウンタウンの西端でバラード入江に突き出た半島全域を占める広大な自然公園です。起伏も多く半島一周の遊歩道もあり海沿いの静かなウォーキングを楽しむ事が出来ます。公園内には、貸し自転車もあり、テニスコート、シーフードの美味なレストランもあります。
・クイーンエリザベス公園

Vancouver

　ダウンタウンの南に広がる閑静な住宅街をショウネシー地区と呼びますが、この中の小高い丘に広々としたクイーンエリザベス公園はあります。公園内には巨木が生い茂り、沢山のリスが遊んでいます。芝生では多くの家族連れが憩う人気の公園です。丘の頂きの展望台からはダウンタウンの眺望が楽しめますし、海を隔てた先にはノースバンクーバーの雪山も望めます。ここには、味とサービスが人気のレストランや、テニスコートもあります。

桜並木が続く静かな住宅街の散策路

・バニア公園とキツラノビーチ周辺

　ダウンタウンから南へバラード橋を渡った東側のバニア公園の海岸には、キツラノビーチまで延びる遊歩道が整備されています。イングリッシュベイを隔てて、ダウンタウンの高層ビル群を眺めながら、潮風を受けて、ゆっくりと海岸散策が楽しめます。裸でのんびり日光浴を楽しむ市民も多く見掛けます。最後は、キツラノの街に出てウインドウショッピングの楽しみもあります。

③ゴルフ

　カナダはゴルフの盛んな国で知られています。バンクーバー周辺には30コースものパブリックゴルフ場が点在しており、何時も一杯ですので、旅行会社を通じて予約を入れると安心です。日照時間が長く、天候が安定してくる春先からは、朝早くから夕方までのんびりプレーを楽しめます。

Canada

④ショッピング

　先に述べた通り、バンクーバーのダウンタウンはコンパクトな街なので、ぶらぶら歩きながらのショッピングをのんびり楽しめます。デパートやショッピングモールも多いので、滞在に慣れてくると、女性1人でも市バスに乗ってショッピングに時間を掛ける楽しみが増えます。市中心のロブソン通りの他、チャイナタウンやイエールタウンでは掘り出し物探しが楽しめます。

　残念ながらカナダの衣料品は結構な価格ですし、カナダ固有の産品も決して多いわけではないので、カナダでの買物はご夫人方も淡白になりがちです。

⑤習い事

　折角の長期滞在なので、纏まった時間を掛けて習い事をしたい人も多い様です。特に英語の勉強を志す人で、語学学校や大学の講座に通うロングステイヤーも多いと聞きます。日本人向けの各種カルチャー教室も用意されています。これ等は出来るだけ日本出発前に、旅行会社等で確認の上で、予約しておくと良いでしょう。

　筆者の妻は、友人のご母堂から「ガーデニング」と「フラワーパウンディング (Flower Pounding)」の手解きを受けました。日本に帰国後も、カナダからテキストを取り寄せて、「フラワーパウンディング」を楽しんでます。お返しに、日本料理の調理方法の講習を数度致しました。巻き寿司の作り方が人気でした。

Vancouver

6. 地方への小旅行を楽しむ

バンクーバー島へのドライブ旅行

　バンクーバー島は南北 500 キロ、東西 150 キロもあり、九州より大きな島です。BS 州の州都ビクトリア市はこの島の南端にあります。バンクーバー市から多くの空路、海路で結ばれていますが、市郊外にあるフェリー港から南部ビクトリア方面、中部ナナイモ方面に向かう大型フェリーを利用すると簡単に島に渡れます。バンクーバー島には南北を縦断する高速道路も開通しており、ドライブの好きな人にとってバンクーバー島は大変楽しい島です。

清潔で落ち着いた州都ビクトリア市の中心地

　イングランドの中世都市を偲ばせる美しいビクトリア市やナナイモ市も魅力ですが、太平洋岸のトフィーノ周辺の「パシフィックリム国立公園」や、島北部のクジラ、シャチをウォッチ出来るキャンベルリバー、ポートハーディー等、クルマが無いと中々訪問出来ない港町も多くあります。

　クルマで田舎を走っていると、熊が道路に突然出てきたり、鹿の群に遭ったりする事もあるので注意しましょう。

　ドライブ旅行をする場合、海岸の道路沿いにある廉価なモーテルに泊まり、2、3 泊でこの自然のままのバンクーバー島をドライブする事を是非お勧めします。

　カナダの道路は日本と違って「右側通行・左ハンドル」ですが、「キロ表

示」で、バンクーバー周辺を除けば交通量も少なく快適なドライブが楽しめます。BC州の高速道路はまだ多くはありませんが、一部を除いて「原則無料」になっているのは嬉しい限りです。

　ガソリン代は、店により結構高安まちまちですが、概ねC$1.00～1.10／ℓで入ります。日本のガソリン代に比べると実に安いのです。

　当然の事ながら、英語表示された道路標識が完備されているので、田舎道に入っても先ずは迷う事はありません。

　レンタカーはカナダではポピュラーな交通手段の一つで、他の物価に比較しても安い方でしょう。バンクーバー市内はバス路線が充実しているので、レンタカーを借りるのなら、週末などの「スポット借り」で十分です。バンクーバーから地方のリゾートへの小旅行にはレンタカーによるドライブが最適です。

　筆者は島暮らしの1ヶ月、レンタカーを借りました。現地レンタカー会社のディスカウント社でトヨタカローラを借りたのですが、ガソリン別、保険・税込み料金でC$1,436と、かなり安く挙がりました。

米国シアトルへの小旅行

　米国ワシントン州シアトル市は、バンクーバーから最も近い米国の大都市です。

　イチローの所属するメジャーリーグ球団マリナーズの本拠地がある事で日本でも有名になりましたが、入江に面した起伏の多い美しい港湾都市として、米国でも人気の高い都市です。

　バンクーバーから直線距離で僅か220kmの距離です。カナダから手軽に訪問出来る事から、バンクーバー市民にも人気の街です。

　バンクーバーから最も便利なのは、航空便利用ですが、割合近いので高速道経由のクルマ利用を含め、交通手段は沢山あります。

　マリナーズの試合がある日は、バンクーバーから1泊2日で組まれる野

Vancouver

球観戦バスツアーや特急バス便は、日系人にも人気です。変わったルートでは、1日1本4時間で走るアムトラック（米国鉄道会社）特急列車カスケード号（@US$32）は鉄道ファンに人気ですし、ビクトリア市から多島海の美しい風景を眺めながら2時間半の高速船クリッパー号（@US$85）で行くルートもあります。筆者は、往きに高速船クリッパー号、帰りに特急列車カスケード号を利用しました。

街は綺麗に再開発され、マリナーズのセーフコ・フィールド以外にも好スポットの多い都市です。市中心からも近い海岸沿いの一帯には大きな「魚市場」があり、新鮮で安い魚介類が即売され、活気に満ちています。バンクーバーには余り見られ無い魚料理屋も多く軒を連ね、カナダと違った楽しみが見付かる街です。手頃な値段で泊れるホテルも多くて、日本人に好かれる都市でしょう。

世界自然遺産カナディアンロッキーへ

自然志向派にとって、カナダは大変魅力的な国です。

代表的な公園は、世界自然遺産に登録されている「カナディアンロッキー」です。カナダ滞在中には、どうしても一度は訪れたい公園です。

一口にカナディアンロッキーといっても、その領域は実に広大です。この世界遺産登録領域には、4つの国立公園や3つの州立公園の自然保護区域が広範囲に亘り設定されており、徹底した自然保護政策が採られています。

カナディアンロッキーは近い所でもバンクーバーから900kmも離れており、観光の中心のジャスパー国立公園、バンフ国立公園、コロンビア大氷原等を見るには最低3泊4日の日程を組まなければなりません。一般的には、バンクーバー市内の日系旅行社主催のパッケージ旅行に参加するのが、簡便な方法です。往復航空便利用や、片道鉄道利用、陸路延々とバスツアーに参加する等々。お値段もピンからキリです。夏期シーズンにはかなり混んできますので、早めの予約をすると良いでしょう。

○カナディアンロッキー 3 泊 4 日探訪バスツアーの例
JTB カナダ社主催の日本人向けのパッケージツアーです。バンクーバーから専用バスに乗り、全行程日本人のガイドが同行します。途中、ベールモント、バンフ、ケローナのホテルに宿泊します。

　このツアーはカナディアンロッキーの見所であるジャスパー国立公園、バンフ国立公園、コロンビア大氷原、レークルイーズ、ヨーホ国立公園等を日本語の案内で、余すところ無く見学出来るのでとても人気が高く、我々の参加した 7 月中旬のツアーには満員の 22 名の日本人が参加していました。満足感が大きいツアーでしたが、3,000m 級の山岳地帯を 4 日間走り回る強行スケジュールなので、健康管理には相当神経を使います。

ツアー参加費（食事は別）は、1 人分 C$630.70 でした。

カナディアンロッキーの白眉コロンビア氷源

Vancouver

7. この国で暮すにあたって留意しておきたい事

年金だけで生活出来るか？

よく聞かれるのは、「カナダでロングステイしたいが、年金だけで暮らせるか？」という質問です。これは殆ど、ノーであります。

カナダの生活費は安いといっても、このところ高騰を続ける住居費は、田舎暮らしでも最低15万円程度はみておきたいもの。これ等を差し引くと、平均的な年金収入だけで、カナダでの普通の生活をするのは、やや無理があるのではないでしょうか？

幾らあったら暮らせるか？

では、幾らあればバンクーバーで暮らせるか？

贅沢しなければ夫婦御二人で月30万円あれば、そこそこのレベルは維持出来るでしょう。

折角のロングステイだからウォーターフロントのコンドミニアムを借りて、少々贅沢に暮らそうかとなると40～50万円は掛かると考えるべきです。キーポイントは住居費に幾ら掛けるかで、大きな差が出てきます。日々の生活費は、それ程掛かりません。

筆者の考えでは、ロングステイを志した段階で、自己の収入・支出の実態をきちんと精査する事から始める事が肝要かと思います。可能な限り余裕を持った資金計画をきちんと立ててから、現地滞在に幾ら掛けられるか、慎重に判断するのが賢明な対応策だと思います。プラス往復の航空運賃です。

要注意はカナダドル高と物価高騰

今後注目しておきたいのは、最近のカナダドルの高騰です。現在、世界的な米ドル安から連鎖したカナダドル高（すなわち「円安」）と物価高（インフレ）が同時進行中です。長い間、カナダドルの価値は米ドルの9掛けで

バンクーバー郊外の海岸では、頻繁に大鷲を見掛ける事が出来る

定着しておりましたが、2007年12月には、100対100になり、ほぼ同価値に上昇しました。

(2009年7月末現在のレート；C$100=US$92.65)

　更にロングステイヤーに人気のあるバンクーバーでは、賃貸物件が急激な値上がり傾向にあり、要注意です。日本人旅行者にとっては、円安と物価高のダブルパンチを受ける訳ですから、滞在費は一気に膨らみますので、これは大きな不安材料です。

Sydney

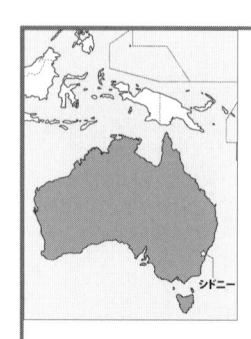

Chapter III

英国風のコスモポリタンな街
「シドニー」

1. オーストラリアという国

オセアニアを代表する近代国家

　南半球のオセアニア（大洋州）に属する大国オーストラリアは、カナダと同様に大英帝国の植民地として長く統治されていました。1901年に独立しましたが、今日でも、イギリス連邦の重要な構成国であり、エリザベスⅡ世女王を元首に戴く「立憲君主制」の国です。

　独立後も英国との絆は強く、相互に影響しあいながら、近代国家として発展を続けてきました。経済的には、豊富な地下資源や大規模な農牧畜業に支えられ、輸出産業が著しく伸張しており、貧富の差も少ない豊かな国です。政治的には、近年はアジア諸国との連帯を強める政策を志向しており、イギリスとは一線を画した独自の歩みも見られます。

白人主体とはいえアジア系移民が増加中の若い国

　1770年英国艦隊クック提督が領有宣言して以来、大英帝国の植民地となり、国民の過半は英語を話すアングロサクソン系で、公用語は「英語」です。

　長い間、有色人種の移民を拒む「白豪主義」を国是としてきたため、移民の殆どは欧州諸国から受け入れていました。しかし、国力が拡大するに連れ、足りない労働力を補うために1980年代には「白豪主義」は撤廃され、

Australia

「多文化主義」が採用されています。

　有色人種にも門戸を開放してからは、多くのベトナム難民や中国人を受け入れて来ました。今日でも、アジア系移民を中心に、積極的に世界中から若い移民の受け入れを進めてます。世界でも移民の構成率が高い国の一つですが、殆どの国民が「英語」を話す事が出来ます。

　ラクビー・水泳に代表されるスポーツの盛んな、躍動的で若々しい国民性で知られてますが、未だに「白豪主義」が多くの国民感情の中に潜んでいる点も、依然として指摘されています。

広大な国土と少ない人口、豊富な天然資源に恵まれた国

　オーストラリアは、世界第 6 位の広大な国土を有しています。三つの時間帯があり、国内に東西 2 時間 30 分の時差があります。

　大陸の中央部からインド洋にかけて、その大部分は不毛の砂漠地帯です。巨大な国土に住んでいる国民は、日本の 6 分の 1 のわずか 2,129 万人。居住可能な地域は、太平洋岸を中心とした沿岸部に限定されています。

　その広大な国土から、石油、天然ガス、石炭、鉄鉱石を始めとした豊富な天然資源を産出しています。これらの輸出が、オーストラリアの国力伸張に大きく貢献している事はご存知の通りです。

　また、シドニー、ゴールドコーストに代表されるビーチリゾートの美しさは、この国の観光事業発展に大いに寄与してくれています。

シドニー郊外のボンダイビーチ

Sydney

2. シドニーという街

オーストラリアを代表する近代的な大都市

シドニーは、オーストラリア東部の太平洋岸に面したオーストラリア第1の都市です。

クック提督がオーストラリア大陸に初めて上陸して領有を宣言したのも、このシドニー海岸で、この国で最初の都市建設が行われたオーストラリアを代表する大都市です。

なお、国の首都はシドニーから300km南にあるキャンベラです。

シドニーはニューサウスウェールズ州（以下「NSW州」と省略）の州都で、NSW州は若々しい活気に溢れた経済の盛んな地域であります。その中心がシドニー市で、2006年現在で人口434万人が住んでいます。シドニーの中心は「シティ」と呼ばれ、纏まった地域に高層建築が林立した美しい近代都市です。在シドニー日本国総領事館もあります。

世界三大美港の1つ、観光都市シドニー

シドニー湾が内陸に深く切れ込んだ天然の良港を持ち、シドニーはハーバーブリッジや世界文化遺産オペラハウスがある世界的な観光都市です。入江の多いウォーターフロントは再開発が進み、都心の「シティ」には、超高層のオフィスビル、瀟洒なホテルやアパートメントが林立しています。特に2000年に開催されたオリンピックを契機に、シドニーのインフラ整備は大きく進み、緑に恵まれた美しい市内は、実に活気に満ちています。

大規模な港湾施設を持ち、海外との貿易拠点としても大きく発展を遂げています。また近代的な客船ターミナルも活況を呈し、世界中から南太平洋を巡る大型クルーズ船が出入港しています。

シドニーは、1年を通じて温暖な気候に恵まれ、世界中から多くの人々が訪れる街でもあり、観光産業もシドニー市の経済基盤を支える重要な産業と

Australia

客船ターミナルに停泊中の飛鳥Ⅱ号と高層ビル群

なっています。

アジア系移民の急増が著しい国際都市

　シドニーは、アジア系移民が非常に目立つ街です。日系人はそれ程多くはありませんが、現地駐在日本人は着実に増加しています。（オーストラリア全体では、約 64,000 人の日本人が在住）

　ベトナム戦争後、ベトナム難民を多く受け入れ、香港の中国返還時には、大量の中華系の人々が NSW 州に移住してきました。「シティ」には大きなチャイナタウンがあり、その周辺には、何処も漢字の看板が目立ちます。

　オーストラリアでは、近年不動産価格の値上がりが続いています。特に、NSW 州でその傾向が大きい様です。その上、オーストラリアドル（A$）の値動きが大きく、「円安」に振れると、日本人の滞在者にとっては大きな負担増になります。

Sydney

3. シドニーへの行き方

日本からの航空便

　シドニーへは日本航空（JL）、とオーストラリアのカンタス航空（QF）が直行便を運行してます。JAL便は、子会社のJO（JALウエーズ）により運行されており、成田からは毎日運行、関空からは週5便の運行となっています。QF便は成田から毎日運行。現在、関空からのQF便は休航中で、全日空が路線撤退した事もあり、全体としてシドニーへの便数はそれ程多くは飛んでいないので、早めの予約が必要です。関空からのJAL便はゴールドコースト経由便です。成田からの直行便は9時間35分～9時間55分を要します。

　なお、日本/シドニー間は1時間（10月～3月のサマータイム時には2時間）の時差しかないため、シドニー到着後、現地時間にすぐ体が慣れるのも、嬉しい都市です。

入国手続きと両替

　シドニー空港のターミナルビルは国内線と国際線に分かれてますが、比較的コンパクトで、国際便はそれ程多くはありません。

　主要国には珍しいのですが、入国にはビザ（VISA）が必要です。短期の観光に必要なのは電子ビザ「ETAS」で、手配を依頼した旅行会社を通じて取得するのが一般的です。パスポート情報をオーストラリア出入国管理局に登録すると、登録後1年間は何度でも入国が可能で、1回の入国に際して3ヶ月までの滞在が許可されます。機内で「入国カード」が渡されますが、これは税関申告用と共通で1枚の記入で済みます。日本からの便では、カードは日本語表記ですが、記入はローマ字で行うので、注意が必要です。

　最初に「入国審査」に向かいます。オーストラリア入国では係官の質問もあるので、滞在期間、滞在先や滞在目的は事前に英語で応答出来るようにし

ておきましょう。

　この国の税関は厳しい方です。特に植物、食物、麻薬には厳しい目が光ります。日本人の手荷物を開ける様な厳格な検査はあまり見掛けませんが、税関申告書の記載内容で「No」とすべき欄は正確に記入しましょう。

　オーストラリアの通貨を用意していなかったら、税関周辺に銀行が昼夜開いているので両替しましょう。

　なお、オーストラリア通貨の単位は「オーストラリアドル（A$）」と表示されます。

　A$1.00は約79円（2009年7月末現在）です。A$1.00＝80円と覚えておくと支払い時の簡便な換算に便利です。しかし、A$対円の交換レートは、世界的に見ても変動が大きい事で有名です。過去5年間でもA$1.00は75円～105円と大幅な変動をしています。特に、2008年秋に発生した「リーマンショック」以降のオーストラリアドルの値動きは非常に激しく、2009年1月には60円まで急激に下がりました。しかも短期間でも変動幅が大きいのが特色で、常に注意が必要です。

シドニー空港から市内への交通手段

　シドニー空港から市内中心の「シティ」までは10km位で、それ程離れていません。市内の滞在先までの交通手段は次の4種から選択すると良いでしょう。

　①日本で予約したリムジンを利用する。
　②エアポートタクシーに乗る。
　③主要ホテル行きのエアポートシャトルバスに乗る。
　④空港駅からシティ行き電車「エアポートリンク（Airport Link）」に乗る。

　①のリムジンは、日本の旅行会社で手配してくれます。到着口まで運転手

Sydney

が出迎えてくれて、手荷物を運び、滞在先まで確実に連れて行ってくれるので安心です。値段は会社により不特定ですが、市内まで近いので、それ程負担になる金額ではありません。

②のエアポートタクシーは、到着口を出たところにタクシーが並んでいますので、ここで行き先を告げ乗車します。シティまでA$30前後なので、割安です。

③のエアポートシャトルバスは、シティの主要ホテルを巡って、順次降ろしてくれます。これで滞在先の近くまで行くと、安く挙がるでしょう（A$7～A$10）

④のエアポートリンクは、ターミナルビルの地下から出ている電車で、頻繁に発着しており、シティへは10分～20分で到着出来、時間的には一番便利ですが、手荷物が多い場合には不便です。

ロングステイの到着時は、確実に滞在先まで辿り着く事が大事ですから、リムジン利用が無難です。最初だけは奮発して安全確実な手段を選ぶ事をお勧めします。

シドニー市内の交通機関

人口434万人が住むシドニーは、周辺の衛星都市を含め相当広範囲に広がりのある大都市圏です。シドニーは公共交通機関が良く整備された都市なので、移動には大変便利です。

シドニー市内の交通機関は、市バス、シティレール（City Rail）、フェリー（Ferry）、メトロライトレール（Metro Light Rail）、モノレール（Metro Monorail）、タクシーと多彩な交通手段が選択出来ます。

市バスは、シティ発着を中心に、市内の主要ターミナルや繁華街を縦横に結ぶ路線を持ち、運行間隔も短いので、実に利用しやすい交通機関です（料金はセクション制を取っており、最短の1－2セクションでは、1回A$1.90）。1日券（BusTripper　A$12.70）を買うと、1日中、何回で

も乗車出来るので大変便利で助かります。また、10回券の回数券（Blue Travel Ten　A$15.20）もお徳です。

　なお、市バスとシティレール、フェリーの1週間乗り放題の共通乗車券「トラベルパス」があり、長期滞在者にとって、この「Two-zone Travel Pass　A$34.00」は、凄いお買い得商品で、市内の何処へでも、これ1枚で行く事が出来る「優れもの」です。このトラベルパスには3ヶ月券、1ヶ年券もあります。共通乗車券は駅の有人窓口などで販売しています。

　このパスで乗れる3種の交通機関の乗り方に慣れてくると、毎日の行動範囲も広がり、市内の主要なスポットはこのパスだけで殆んど巡ることが出来るので、生活の楽しさが倍加されます。これ等3種の路線図も入手しやすいので、常時持ち歩くと便利です。

　シティレールは、主に郊外に住む市民の通勤用電車で、「シティ」では、シドニーセントラル駅からサーキュラキー駅の区間が地下鉄になっていて、観光にも重宝する区間です（タウンホール駅からサーキュラキー駅片道A$3.20）。殆どの電車がシティに乗り入れる放射状路線ですので、行き先に注意しましょう。

　フェリーは、シドニー特有の便利な交通機関で、入り組んだシドニー湾に多くの航路があり、市民の通勤手段として重要な交通機関です。どの路線も観光客にとっても使い勝手の良い「遊覧船」となります。オペラハウス手前のサーキュラーキー（Circular Quay）のフェリーターミナルからの発着です。

　メトロライトレールは、いわゆる「復活した市電」で、1路線しか開通していません。シドニーセントラル駅を出て、チャイナタウン、ダーリンハーバー、魚市場を経由してウエントワースパークまで行きますが、多くの観光スポットを経由するため、利用価値が高い路線です。

　モノレールは、シティ中心地区とダーリンハーバー、チャイナタウンを環状に走る1周15分の短距離簡易モノレールです。それ程、利用価値は高

Sydney

湾内のフェリー船上から望見するオペラハウス

くありませんが、「おのぼりさん」用と思い、一度乗ってみましょう。

　タクシーは料金が安いので、シティ内のちょっとした「ドアツードアの移動」に便利ですので、主として近距離中心に利用します。

4. 滞在場所

ホリデイアパートメント（サービスアパートメント）

　この国のロングステイ滞在先としては、「ホリデイアパートメント」が一般的です。

　サービスアパートメントとか、コンドミニアム（通称「コンド」）とも呼ばれますが、それもほぼ同一形態です。オーストラリアでは、ロングステイ用の施設が、全国各都市、有名リゾートに良く整備されており、極めてポピュラーな滞在施設です。建物全体がホリデイアパートメント専用に作られているケースが多く、外見からはホテルや居住用アパートと変わらぬ体裁となっています。

　シドニーのウォーターフロント（例：サーキュラーキー地区、ダーリンハーバー地区）には、美しい入江や高層ビルの絶景を楽しめる大規模なホリデイアパートメントが多く、さらに増えています。

　ホリデイアパートメントの賃借料設定は6ヶ月以上が普通で、1ヶ月単位以上の賃借で割引料金が設定されます。ハイシーズンの物件は相当高額な（A$3,000以上／月単位）施設が多いのですが、満足度の高い、高級感のある施設が簡単に見付かります。

　シドニーの不動産物件の特色は「海面が見える場所」が極めて高額になる事です。また、年間を通じて賃借料の変動が大きく、ピークを外すとかなりお安くなります。

　1ヶ月以下の滞在の場合は、割引は非常に少なく、割高になる事を覚悟しなければなりません。「シティ」を外れたノースシドニー地区などには、静かで緑が多い住宅地区が広がっており、そんな地区のホリデイアパートメントはやや安くなります。

　その施設内容ですが、これも多種類あります。

　日本のマンション風でいえば、2LDK（2ベッドルームとリビング・ダイ

Sydney

ニング、キッチン、バストイレ付き）が一般的ですが、シドニーのシティ中心部では、1LDK も多い様です。最小でも、ベッドルームとリビングルームが独立して、これに冷蔵庫付きのキッチンとバストイレが付いています。家具や最低限の食器、調理器具も揃っていますので、直ぐ生活を始める事が出来ます。

　筆者がシドニーで滞在したのは、「サービスアパートメント」です。シティ中心地区の 29 階建て高層ビルで、ダーリンハーバーが見える絶好の立地にありました。この大型サービスアパートメントに 3 週間滞在しました。

滞在したサービスアパートメントの室内風景

フラット (Flat) , ユニット (Unit) ハウス (House)

　郊外の住宅街には、長期滞在用に個人住宅の一軒家を借りる事も出来ます。「ハウス」と呼ばれ、広々としたガーデン付きが多いのが魅力です。

　「フラット」や「ユニット」は、日本でいう 2 軒長屋的「アパート」です。これ等は家具付き物件かどうか、確認が必要です。

　これ等はホリデイアパートメントと違って、郊外の住宅街に所在する物件が多いので、買物を含めた周りの環境を事前に確かめる事も必要になってきます。土地勘があり半年以上の長期滞在者向きで、一般向きとはいえません。賃借料はシティ周辺のホリデイアパートメントに比べ、非常に割安に上りますので、現地事情にも慣れた 2 回目以降の長期滞在時に、これらの郊外型施設の賃借を検討しては如何でしょうか。

Australia

筆者が滞在したサービスアパートメントの主な設備・サービスの内容

	設備・サービス	その内容
①	建物全体	２９階建の高層ビル１棟（エレベーター２機）。１階フロントに２４時間スタッフがおり、外出時には、フロントにキーを預ける。
②	居住ルーム	ベランダ付き２０階の１LDK（約60㎡）。
③	リビングルーム	豪華で広く、快適。リビングセット、ダイニングセット付で、ダーリングハーバーの眺望が素晴らしい。
④	ベッドルーム	ツインベッドと大型クローゼット付き。
⑤	キッチン	機能的な設備で使い勝手は大変良い。冷蔵庫は大型。本格的な調理が可能で、電子レンジ、オーブン等の機器も充実。調理・食事用具も本格的な常備品あり。
⑥	浴室	高級感のあるシャワー付きバスタブ。
⑦	トイレット	高級感のあるトイレット・洗面台。
⑧	ランドリー	バスルーム脇に無料の乾燥機付き自動洗濯機あり。
⑨	付帯設備	１階にレストランあり。小さい屋内プール（無料）、別棟に駐車棟あり。
⑩	室内清掃・リネン	室内清掃は毎日。リネン交換は週２回。タオル・シャンプー・石鹸は常備。
⑪	ＴＶ・ＣＤ	国内・国際放送が無料。但し日本語放送は無い。
⑫	新聞	サービス無し。
⑬	インターネット	室内にLANケーブル端末・電話ダイヤルイン端末あり。有料（時間単位で高い）。
⑭	付随施設の案内	特に目立った施設は無し。
⑮	食事	すぐ近くに大きなスーパーマーケット、ショッピングセンターあり。食材を含めた生活用品は安い。
⑯	滞在費総額／週額	A＄1,176／週＝当時の日本円換算約116,000円／週（３週間の滞在でA＄3,528。電気・水道・ガス代は賃料込み）

Sydney

5. シドニーでの過し方

土地勘を早く掴む

①街の探検に出る

　滞在先に落ち着いたら、早速、街の探検に出掛けましょう。先ずは、ホリデイアパートメントなどの滞在先の周辺を自分の足で歩いてみる事です。

②地図やパンフレットを手に入れる

　次に、近くの書店・コンビニエンスストア等に飛び込んで、地元の地図を手に入れます。地図はシドニー広域図から繁華街の詳細地図まで種類は揃っています。出来るだけ詳細な地図を手に入れましょう。それと「シティレール」や「市バス」の路線図も早めに手に入れる事です。駅の有人窓口などでも手に入ります。地元の旅行会社の中には、手造りの日本語市内ガイドマップを置いているところもあります。

　「ロックス（The Rocks）」地区にはシドニービジターセンター（Sydney Visitor Center）があり、日本語の各種地図（有料）やパンフレットが用意されていますので、早めに一度訪ねると良いでしょう。

③市バスとシティレールに乗ってみる

　次に「市バス」と「シティレール」に乗ってみます。

　バスに乗車すると、先払いで運転手に行き先を告げてコインを入れます。シドニーはセクション制を採っており、通常は「1－2セクション」範囲の乗車で済みます。（A$1.90）。

　シドニーでは市バスとシティレールが主力の公共交通機関ですから、早くその利用方法に慣れる様にしましょう。これ等に加えフェリーの乗船にも慣れると、シドニーでの移動は実に便利になり、殆ど何処へでも出掛けられるようになります。

　なお、先述したように、1回毎の支払いよりも1日バス乗り放題の「1日券（Bus TripperA$12.70）や回数券（Blue Travel TenA$15.20）

も活用しましょう。

また、1週間有効の共通乗車券「トラベルパス」があり、この「Two-zone Travel Pass A$34.00」は、割引率が高く大変便利です。市バスとシティレール、フェリーの「1－2セクション」内が乗り放題です。

その他、メトロライトレール（市電）とモノレールは各1路線しかないので、この沿線に居住しないかぎり利用する機会は少ないのですが、シティ観光に便利ですので、一度は乗車しておきましょう。

④**観光バスに乗る**

日本語ガイド付きの市内定期観光バスで市内の名所を一巡しておくと、シドニーの全体像の把握に大いに役立ちます。地元の旅行会社で予約して利用します。市内観光の他にも、ブルーマウンテンズ、ポートスティーブンス等の郊外のリゾート地に日帰りで行く日本語ガイド付きツアーもあります。これ等も手頃な料金で楽しむ事が出来ますので、利用価値が高いでしょう。

買物に慣れる

シドニーの「シティ」は、全体が大きなショッピングセンターといえます。その中心は、シティレールのタウンホール駅（地下駅）を核に、ジョージ通りとピット通りに囲まれた一帯です。

デパート、ショッピングモール、ホテル、専門店、オフィスビルが集中しており、この周辺を歩いていると衣料、化粧品、日用品やお土産など欲しい物は大体揃います。また、世界各国料理のレストランも集中しており、中華・和食・ベトナム料理店も多く見掛けます。この辺りには日本食品を専門に扱うコンビニエンスストアもあり、日本の紀伊國屋書店も大型店を出しています。なおシドニー市内では日本の新聞の販売はしていません。

この辺りの繁華街は行き交う人たちも国際的で、日本人の観光客を含めアジア系の人々も目立ちます。食料品は、タウンホール駅傍等の大型スーパーで纏め買いすると良いでしょう。

Sydney

　直ぐ近くのダーリンハーバーにも、多くのショッピングモールがありますが、ここは観光客目当ての衣料品・お土産品が主体です。

　ダーリンハーバーから市電（ライトレール）に乗ると「フィッシュマーケット（魚市場）駅」も直ぐです。

　この「シドニー魚市場」は、かなりの大型市場で一般市民も多く買い出しに来ています。一度出掛けてみる価値があります。

　場外市場には魚介専門店の他、肉屋、酒屋、八百屋、調味料店、パン屋等が揃い、魚料理屋も何店も営業しているので、手軽に新鮮な魚介を賞味出来ます。目玉の「魚貝類」ですが、驚くほど種類が豊富で、新鮮で、安値です。マグロやロブスターやエビ蟹類、夏期でも牡蠣が豊富に販売されてます。その場で食する「オイスターバー」もあり、いつもお客が群れてます。

シドニー魚市場には安くて豊富な魚介類が並ぶ

　海外でロングステイしていて新鮮な魚介や御刺身に出会える事は珍しいですから、この魚市場は重宝します。筆者も何度も買い出しに出掛けました。

　生鮮食料品の調達場所としては、シティレール「セントラル駅」に近いチャイナタウンや、その近くのヘイマーケットも良いでしょう。どちらも、八百屋・肉屋・果物屋が出店しており、散策を兼ねたショッピングにゆっくり時間を掛けて楽しめます。おまけに安価な「中華料理」も楽しめますし、テイクアウトも可能です。

　なお、オーストラリアの買物時の税金ですが、小売価格には、消費税

「GST 10%」が加算されてます。つまり「内税」ですので助かります。値札には、すでに消費税が加算されているのですが、シドニーの食料品や日用品の価格レベルはとても低い印象です。

　その点では、ハワイやカナダの「外税方式」よりは、外国人には分りやすいといえましょう。

食事に行く
①御値段と名物料理
　シドニーでは、概して食材は安いのですが、食事代は結構高い印象です。ランチでも A$10 以下で済せるのは困難です。

　外食で気を使うのは、日本人にとっては一番煩わしいチップ問題です。この国の建前では、チップは無いといわれていますが、庶民的なレストランでも通常御釣りの小銭は置いていきますし、ちょっとしたレストランでは 10%〜15%のチップを払います。

　チップ問題を簡便に処理する方法の一つは、バンクーバーの時と同じく、支払いをカード払いする事です。カードを提示すると署名コピーの下部に「Tip」の欄がありますので、この空欄に 10%〜15%の概算額を手書きして出すと OK です。食事代金に含めてカード請求されます。

　オーストラリアの名物料理は、牛肉ステーキが一番人気。さすが旨くて安い肉が堪能出来ます。それに最近は魚介料理も人気です。ウォーターフロントではシーフードレストランも多く、魚介類では、牡蠣が人気です。殻付き牡蠣にレモンを載せて出てきます。

②食事処
　食事の店も多種類あり、それこそピンからキリです。

　スタンドで買ったサンドウィッチやピザ類を頬張りながら歩く人も良く見掛けます。ファストフード店は街中に沢山看板を見掛け、御昼時には行列を作っています。オージーが、お昼を安直に済ませている様子が伺えます。

Sydney

　チャイナタウン以外でも、漢字看板のお店を多く見掛けますが、多くは「中華メシ屋」さんです。シドニーの中華レストランは、値段も安く、味も失望する事はありません。

　変わった処では、ベトナム料理屋やイタリヤ料理屋で、人気があります。

③日本食

　近年は、日本食レストランも多く見掛けます。お味も御値段も、それこそピンからキリですが、お値段は決して安くはありません。ラーメン屋も増えていますが、お味は、御値段の割には「？」です。

　一流ホテル内の日本料理屋を別にすれば、ちょっとした居酒屋風な店で、夕食は１人分 A$50 見当で楽しめます。和食を総じていえば、生鮮魚の市場もあり、「刺身」類の種類も豊富で、それ程高い印象はありません。

④アルコール

　アルコールは日本の様に何処でも簡単に手には入りません。その理由は、ライセンスのあるお店でしか販売出来ないからです。特にシドニーでは、酒屋（リカーショップ）を探すのは大変苦労します。

　アルコール類の中でもビールは一般的な飲み物で、オーストラリア産ビールはメーカーも実に豊富です。メーカーによって価格の差はありますが、350ml で A$2.50 前後です。輸入ビールも豊富です。リカーショップが見付からない場合は、日中でも開いている「Bar」を見付けると、バーカウンター横でビール等の小売をしている店があるので、訊ねてみることです。

　ワインは輸入品が豊富に入っていますが、お買い得はオーストラリア産ワインです。オーストラリアはワイン産地として世界的に有名で、良質なワインがリーズナブルな価格で入手出来ます。

趣味を堪能する

①シティ名所巡り

　ガイドブックを片手に行って見たいスポットを順次訪ねてみます。

Australia

　すでに述べましたが、シドニーの「シティ」地区はコンパクトに纏まった狭い地域に集中しています。市バスが縦横に走り、電車（シティレール）が頻繁に地下を走っているので、バスと電車と徒歩を上手に組み合わせて「シティ」探訪を始めましょう。このシティには見所が実に多く、ゆっくり回っても1週間は飽きない位の魅力的な街です。

　ここでは、どうしても外せない「タウンホール駅 (Town Hall Sta.)」周辺、「サーキュラーキー駅（Circular Quay Sta.)」周辺、「ダーリンハーバー（Darling Harbour)」地区の3地区をご案内します。

・タウンホール駅 (Town Hall Sta.) 周辺

　街の中心は「タウンホール駅」（地下駅）で、その地上を南北に貫いているのがジョージ通り（George St.）です。駅名の通り、目の前にクラシカルな市役所（タウンホール）とセントアンドリュース大聖堂があり、目印としても大事な建物です。

　このジョージ通りと1本東側のピット通り（Pitt St.）がシドニーを代表する大繁華街で、昼も夜も市民や観光客で賑わっています。このピット通りの東外れには、広大な芝生と自然木の多いハイドパーク（Hyde Park）があり、いつも「催し物」で賑わってます。このハイドパーク周辺には、セントメリーズ大聖堂、オーストラリア博物館等の大きな建造物も多く所在します。

・サーキュラーキー駅（Circular Quay Sta.）周辺

　シティを代表する交通の要衝は、ハーバーブリッジを間近に眺める「サーキュラーキー駅」（地上駅）です。湾を隔てた対岸には瀟洒な住宅地が望め、シティ北端の超高層ビル群を背後に控えた美しい海岸線が広がります。駅を挟んで、南側には「市バスターミナル」、北側には「フェリー桟橋」があり、シティ探訪には欠かせない地区です。東側には世界文化遺産に登録されたオペラハウスがシドニー湾に突き出た岬にあり、西側にはシドニー発祥の地であるロックス地区もあります。その先が、シドニーを象徴する観光名所ハー

Sydney

バーブリッジです。ロックスセンターには市観光案内所(ビジターセンター)もあるので、地図やパンフを入手します。

シドニー発祥の地であるロックスには露店が多い

・ダーリンハーバー(Darling Harbour)周辺

　最後は、都市再開発が完了した「ダーリンハーバー」地区です。近くにはチャイナタウンもあり、シティ巡りには、見逃せない一帯です。

　この地区は永い間、廃港のまま放置されていたのですが、オーストラリア建国200年記念祭(1988年)を期して再開発が進められ、今日では小さな馬蹄形のコックル湾を挟んで、ショッピングセンター、ホテル、コンベンションセンター、水族館等の大型施設が揃い、モノレールが走り、フェリーも立ち寄る市民憩いの親水公園です。

　隣接の南半球最大のチャイナタウンは、コンパクトな街で、活気に満ちています。中華メシ屋が軒を連ね、安価で旨い店を探すのも楽しみです。近くにはヘイマーケット(Haymarket)もあります。上野の「アメ横」的な雰囲気ですが、雑貨の小店がびっしり詰まってます。建物の奥には、これも大きな野菜市場があり、野菜・果物類の買出しには欠かせないマーケットです。

②ウォーキング天国　〜海岸線を歩く〜

　シドニーには、緑に溢れた広大な公園も多く、ウォーキングには絶好の街です。波静かなシドニー湾沿いや豪快な南太平洋に面したビーチには静かな

住宅街が続き、多くの散策路が整備されています。1年を通じて晴天が続きますので、何時でも楽しめる「ウォーキング天国」です。そんな好スポットを幾つか紹介します。

・ハーバーブリッジを歩いて渡る

　サーキュラーキー駅からロックスを登って行くと、その先のハーバーブリッジへの階段に出ます。全長1,150mの橋からの眺望は実に見事です。沢山の観光客が徒歩で渡っています。この橋をゆっくり30分掛けて渡り切ると、ノースシドニーです。この一帯は対岸にシティの高層ビル群を望めるシドニーが誇る超高級住宅地区です。海岸線に降りて橋の東側にも、西側にも遊歩道があり、この静寂で広壮な住宅街を歩くのも楽しみです。帰りはシティ行きの電車や市バスを捕まえます。

・サウスヘッド（South Head）を目指して

　サーキュラーキーから東側のシドニーハーバー沿いには、太平洋への出口「サウスヘッド」まで幾つもの美しい湾に囲まれ、ヨットが浮かぶ住宅地が続きます。

　この湾岸の町々を総称して「ベイエリア」と呼んでいます。このダブルベイ、ローズベイ、ワトソンズベイの町へはサーキュラーキーからフェリーが頻繁に運行されているので、好きな町までこのフェリーで行きます。その先は海沿いの住宅街をノンビリ歩いて行くと最後は太平洋に突き出た眺望の良いサウスヘッドに行き当たります。疲れたら、途中の小奇麗なカフェで「御茶」をしながら、優雅な散策が楽しめます。帰りはシティ行きの市バスを利用します。

・ボンダイビーチ（Bondi Beach）を歩く

　ボンダイビーチは南太平洋に面した、真っ白な砂浜で有名なシドニーを代表するビーチリゾートです。シティからは電車でボンダイジャンクション（Bondi Junction）まで行き、駅構内からビーチ行きの市バスに乗換えます。ボンダイビーチはサーファー天国でもあり、砂浜には家族連れも多く見

Sydney

掛けられ、おおらかで健康的な雰囲気が楽しめます。ビーチ沿いにはレストラン、バー、土産物屋が並び、賑わいを見せています。ボンダイビーチから南に延びるビーチ沿いに遊歩道が整備されています。体力に合わせて適宜途中のビーチで切り上げても良し、最後のクージービーチ（Coogee Beach）まで歩くも良し。どのビーチからもシティまで市バスで帰ります。

③ゴルフ

　オーストラリアはゴルフの盛んな国です。シドニー周辺には多くのパブリックゴルフコースが点在しています。いずれもシティから離れているので、旅行会社を通じて往復送迎付きの予約を入れると安心です。1年中天候が安定しているので、何時でもプレーを楽しめます。

　この国のゴルフコースは、概ね荒削りで岩場やブッシュに囲まれたダイナミックなコースが多いので、シニアプレイヤーにとっては難敵です。ボールも紛失しやすいので、多めに持参しましょう。

④ショッピング

　先に述べた通り、シドニーの「シティ」はコンパクトな街なので、ぶらぶら歩きながらのショッピングをのんびり楽しめます。ジョージ通りとピット通りがショッピングの中心で、清潔な地下街も整備された周辺地区には、デパートやショッピングモールも多く、実に楽しい「買物天国」です。ジョージ通りやピット通りの他、ダーリンハーバーやチャイナタウン周辺も観光客のショッピングで賑わっています。オーストラリアの衣料品・装飾品等は結構な価格ですが、最近はオーストラリア固有の産品も多くなってきたので、時間を掛けてゆっくり買物したいご夫人方には、なかなか魅力的な街のようです。

Australia

6. 地方への小旅行を楽しむ

ブルーマウンテンズ国立公園へドライブ旅行

　シドニーの西、70km 先には「ブルーマウンテンズ」と呼ばれる山岳地帯があります。

　この山岳地帯は 1000 m 程度の低山ですが、オーストラリア大陸の分水嶺となっています。この一帯は、世界自然遺産にも登録され、国立公園にも指定されており、標高差の少ない丘陵地が多いオーストラリア大陸では、数少ない山岳公園です。

　この国立公園のベースはカトゥーンバ（Katoomba）で、シドニーからも手頃なドライブルートです。シドニーからは日帰りのバスツアーもありますが、現地では短時間滞在の駆け足になりがちです。

　カトゥーンバの町は、ホテル、レストラン、御土産屋が軒を連ねて賑わっていますが、町としては小振りで日本の軽井沢の様な瀟洒なリゾートです。

　オーストラリアは高速道路が余り発達していませんが、このルートには一部高速道も開通しており、ドライブ距離も長くないので、出来ればレンタカーを借りて、ゆっくりと 1～2 泊の訪問をしたいものです。

　オーストラリアの道路は、日本と同じ「左側通行・右ハンドル・キロ表示」で、シドニー周辺を除けば交通量も少なく、快適なドライブが楽しめます。オーストラリアの高速道路はまだ多くは開通しておらず、シドニー郊外でも短区間の高速道路が開通している程度です。当然の事ながら、英語表示された道路標識が完備されているので、田舎道に入っても先ずは迷う事はありません。

　ガソリン代は、筆者はスタンドでの給油を経験していませんが、220km 走行した結果、レンタカー返却時に A$55.00 支払いました。日本よりかなり安値といえます。

　レンタカーはオーストラリアではポピュラーな交通手段の一つですが、シ

149

Sydney

ドニー市内は公共交通機関が充実しているので、通常の長期滞在ではレンタカーは不要です。市内の駐車場の料金も結構な値段です。(筆者の滞在先のサービスアパートメントでは、1泊1台A$22でした。)

　従って、レンタカーを借りるのなら、週末などの「短期間借り」で十分です。シドニーから地方リゾートへの小旅行には、レンタカーによるドライブが最適です。

イルカに遭いにポートステーブンスへ

　シドニーから北、約220kmのところに、静かで美しいポートステーブンス湾があります。ここは太平洋から大きく入り込んだ湾ですが、ドルフィンウォッチングクルーズ(イルカに遭いに行くクルーズ船)のメッカとして知られるNSW州の人気リゾートです。

　クルーズ基地はネルソンベイ(Nelson Bay)で、毎日多くの大型クルーザーによるツアーが催行されています。

　この湾では、人懐こい野生イルカの群に出遭える確率が非常に高く、秋からは鯨ウォッチングも楽しめます。シドニーからの距離を考えると、日帰りの「ドルフィンバスツアー」に参加するのが無難です。日系旅行会社が日本語ガイド付きの日帰りツアーを催行しています。このツアーに参加すると、野生コアラやカンガルーの観察や太平洋岸のダイナミックな砂丘での4WD乗車、最後はワイナリーでの試飲会など盛り沢山の内容で、オーストラリアの大らかさを十分に堪能出来ます。

　ネルソンベイにはホテル、ホリデイアパートメントも数軒ありますので、宿泊するにも適した静寂なリゾートです。

ゴールドコーストの休日

　オーストラリアを代表するビーチリゾートは何といってもNSW州の北に位置するクイーンズランド州のゴールドコースト(Gold Coast)です。

Australia

　シドニー滞在中に、一度は訪れてみたい世界的なビーチリゾートです。勿論、ここゴールドコーストは、ロングステイヤーにとっても人気が高いリゾートです。

　南北60kmに延びる海岸線にホテル、コンドミニアム等の高層ビルが林立する様は、ハワイのワイキキ海岸とは違った豪快な景観を見せてくれます。亜熱帯性気候で年間の晴天日が300日という恵まれた自然条件も加わり、日本を始め世界中からリタイアした人々が集まり、第二の人生を謳歌しています。

　海岸から離れた地域にも、多くの川や水路が開けており、ボート遊びやゴルフプレー等の屋外レクレーションが盛んなリゾートです。またコアラサンクチュアリーや熱帯植物園も充実しており、短期間の滞在でものんびりと楽しめるリゾートです。

　ゴールドコーストへは、シドニーから空路1時間半。地元のゴールドコ

どこまでも続くゴールドコースト海岸の砂浜

Sydney

ースト空港は国内線中心ですが、最近、関空からシドニー行きの JAL 便がこの空港に寄航しています。

　80km 北に位置するクイーンズランド州の州都ブリスベーンには大きな国際空港があり、東京成田空港から JAL 直行便も運行されていましたが、残念ながら現在は総て運航休止となっています。

　なお、ブリスベーン空港からゴールドコーストまでは、全区間高速道が通じており、鉄道もありますのでアプローチには問題ありません。

　ブリスベーンは、1988 年に万国博覧会が開催されたので、インフラ整備が進んだ魅力的な観光都市でもあります。コンパクトで清潔な街並みは、観光客の溢れるゴールドコーストとは違ったお洒落な雰囲気のある都市です。ゴールドコーストと組み合わせて訪問する事をお勧めします。どちらの町にも素敵なホテルが多いのも魅力です。

　滞在期間にもよりますが、ゴールドコーストとブリスベーンの見所は広い地域に分布しているので、レンタカーを借りて廻るのが一番便利でしょう。ゴールドコースト空港かブリスベーン空港発着の借り入れがお勧めです。

7. この国で暮すにあたって留意しておきたい事

年金だけで生活出来るか？

よく聞かれるのは、「オーストラリアでロングステイしたいが、年金だけで暮らせるか？」という質問です。これは殆ど、ノーであります。

オーストラリアでは、近年物価上昇が続いており、このところ高騰を続ける住居費はシドニー郊外でも月20万円程度はみておきたいもの。これ等を差し引くと、カナダと同じく平均的な年金収入だけで、オーストラリアでの普通の生活をするのは、やや無理があるのではないかと考えます。

特にシドニーでの年金暮らしは厳しいと思われます。

ベイエリアの公園で見かけた風景

Sydney

幾らあったら暮らせるか？

では、幾らあればシドニーで暮らせるか？

贅沢しなければ夫婦御二人で月40万円あれば、かなりのレベルは維持出来るでしょう。

折角のロングステイだからウォーターフロントのホリデイアパートメントを借りて、少々贅沢に暮らそうかとなると50万円は掛けたいものです。プラス日本との往復航空運賃です。キーポイントは住居費に幾ら掛けるかで、大きな差が出てきます。日々の生活費は、大都市にしては食材が安いので、それ程掛かりません。

要注意はオーストラリアドル高と物価高騰

今後注目したいのは、最近のオーストラリアドルの乱高下です。

現在、世界的な米ドル安から連鎖して、資源国の強みから来るオーストラリアドル高（すなわち「円安」）と物価高（インフレ）が同時進行中です。元々、オーストラリアドルは変動率の非常に高い通貨です。

更にロングステイヤーに人気のあるシドニーやゴールドコーストでは、賃貸物件が急激な値上がり傾向にあり、要注意です。

日本人旅行者にとっては、円安と物価高のダブルパンチを受ける訳ですから、滞在費は一気に膨らみますので、これは大きな不安材料です。

最近は、物価高に悲鳴を上げたロングステイの人たちが、ゴールドコーストからマレーシアやタイに移動を始めた話も、現地で耳にしました。

オーストラリアドルの変動には常に注意を払い、ロングステイ時期は、上手に「円高時」を狙いたいものです。

有色人種への偏見への危惧

最後に、最近やや気になる一部オーストラリア国民の白人至上主義的動向について触れておきます。

法的には1975年に「白豪主義」は廃止されましたが、国民の90%を占める白人の中には、根強い有色人種への偏見を持つ層は一定の勢力となっています。その結果かどうか、近年、白人対アジア人の対立事件、差別・偏見行動が報道されています。現実的には、シドニー滞在中、通常日本人への露骨な蔑視や嫌がらせを経験する事は先ずありません。有色人種への偏見対象は主として中華系や印度系とされています。ある有力な大学の調査によると、国民の10%は未だに白豪主義を「是」とする事実も報告されており、この問題の根深さを感じさせます。

　筆者が初めてオーストラリアに渡航したのは1965年でしたが、その時もそれ以降も、残念ながら日本人であるが故の「嫌がらせ」に数度遭っています。

　世界中の人々から愛されているオーストラリアで、過激な捕鯨反対活動を見るまでもなく、今更ながら、亡霊の様な「白豪主義」が露骨に復活しません様に切に願っています。

石垣島

沖縄県
八重山諸島

石垣島
西表島

Chapter IV

日本最南端の自然文化リゾート
「石垣島」

1．国内ロングステイ事情と石垣島

日本はロングステイ後進国

　これまで海外のロングステイについて述べてきました。それでは日本国内のロングステイはどうでしょうか？　正直いって、日本でのロングステイは「未だ機熟さず」です。特に滞在先の施設整備が全く遅れています。決定的なのは、行政や観光業界の中に、ロングステイに対する認識が薄く、誘致に本格的に取り組んでいる自治体は稀有とさえいえます。

　近年、過疎化が進む地方では移住者の誘致に熱心な自治体も増えて来ました。しかし、移住者誘致の前に、ロングステイ希望者を多く受入れ、地元へのファンを増やす努力をする事こそ必要なのです。一定期間暮してみて、これなら移住してみようかと考えるのが自然な流れです。筆者が移住した北海道でも、そんな当たり前の事に気付いて、道内での生活を体験してもらう「ちょっと暮らし」を仕掛ける NPO も動き始めました。それにしても、日本国内では、均質でお安く利用出来る施設を探すのには、とても苦労するのが現実です。施設整備が進む海外と比較すると、何処も寒々しい実態といえます。

　そんな日本の実情を、筆者は「ロングステイ後進国」と呼んでいます。国民の中にも、海外へ行くには、言葉の問題もあって億劫だけれど、国内なら

ロングステイしたいと思う人々は多いはずです。

　例えば、東京、大阪、名古屋などの都会に住んでいる人にとっての沖縄、北海道の大自然に囲まれた、ゆったりとした生活。地方に住んでいる人にとっての東京、横浜、神戸でのエキゾチックで、エキサイテイングな都会暮らし。京都、博多や鎌倉でじっくりと歴史探訪をする日々等。国内にもロングステイしてみたい格好の候補地は多く、海外に決して引けを取らないはずだと、筆者は常々考えております。

　筆者は退職後に、北海道の網走と沖縄県の石垣島にロングステイ体験をしてみました。今後の受入体制整備への願いも込めて、番外編として石垣島の実体験をお伝えします。

沖縄県の魅力と現地事情

　ご存知の通り、沖縄県は日本最南の亜熱帯地方にあり、歴史的にも、文化

沖縄本島のサンゴ礁の海

石垣島

的にもあるいは地政学的にも、本土（以下「内地」と表示）とは異なった多くの魅力的な風土を持っています。特にそのサンゴ礁に縁取られた海の美しさは、世界中でも指折りの一つといえます。そんな風土に憧れて内地から多くの人々がビーチリゾートに訪れており、今や沖縄県にとって「海をテーマにした観光」は重要な産業に成長しています。

　近年は観光に加えて、沖縄県への移住希望者も増えてきています。那覇のみならず、郊外のビーチリゾートや石垣島等の先島にも小洒落たマンションやアパートの建設も盛んです。特に石垣島では、その海の美しさと温暖な気候に惹かれて別荘等を買い入れて、移住している人も多く、土地価格のバブルさえ引き起こす社会問題にもなっています。

　ロングステイする人も少しずつ増加の傾向にあり、ロングステイ用の施設も出始めました。今後の受入体制の整備に期待したいものです。

石垣島の魅力と問題点

　石垣島は東京から空路1,947kmの遥か南の島です。沖縄本島からでさえ404kmも離れていて、台湾の方が直ぐ近く（235km）なのです。石垣島の魅力は何といってもサンゴ礁に囲まれた海の蒼さと素朴な人情の篤さに尽きるでしょう。

　東京羽田から1日2便しかない直行便で3時間半。殆ど海外旅行に出掛ける遠さです。

　おまけに「内地」とは気候風土ががらりと違い、ここは本当に日本なのかと思う程のカルチャーショックを覚えます。此れといった勝れた名所旧跡がある訳ではありません。1月でも気温は20℃以上の温暖な日々の中で、ただぼんやりと白い砂浜で蒼いサンゴ礁の海を眺めて過ごすだけで、満足出来るのです。そしてこの島の人々は、実に素朴で親切です。この素晴らしい島民の人情に触れる日々の暮らしが、忘れがたい島の大きな魅力の一つなのです。

しかし問題点も幾つか指摘出来ます。先ず気候温暖といってもここは台風銀座と呼ばれる前線の通り道。前線の通過で海が荒れる日が多く、ロングステイには適さない天候の不安定な季節も多いことも事実です。

次には社会インフラ整備の遅れです。特に空港問題は深刻です。現在の石垣空港は、市街地に近接しており滑走路も短く（1,500m）、小型ジェット機もかなり制限付きの離着陸しか出来ないため、本土からの直行便が厳しく制限されています。現空港の滑走路延長は難しく、自然保護問題も絡んで、これまで新空港の建設は、永年係争問題化していましたが、やっと中型機が離発着出来る新空港（2,000mの滑走路）の開港にも目途が立ちつつあります。（2013年開港予定）

また島内の道路・下水道の整備も未だに遅れています。赤土が流れ込み、海の汚れの進行も指摘されています。そして近年急増している内地からの移住者や別荘族が引き起こす地元コミュニテイとの不協和音（地元ムラ社会との付き合いをしたがらない、或いは融け込もうとしない、税金を落とさない、町内会費は納めない。地元行政への注文は大きい。）等々。

島の識者の中には、石垣島は今のままの素朴さや、地域社会の強い絆こそを大切にすべきで、これ以上の開発発展は必要無いと思っている人々が多い事も知りました。

石垣島

2. 石垣島で暮らすには

石垣島への行き方と交通事情

　石垣島への交通機関はほぼ航空機に限られます。JAL系、ANA系の航空会社2社が、主として島民の生活路線として那覇〜石垣島間を頻繁に結んでいるので、多くは、本土の各空港から那覇空港経由で石垣島に入ります。内地との直行便はJAL系が東京と関西から夫々2便就航しているのみで、この直行便の予約を取るのは相当に苦労します。ですから石垣島に行くには、先ず往復の航空便の予約を確保してから、ホテル等の予約を始めないとならない位の覚悟が必要です。直行便は諦めて、那覇経由で取るのが、比較的予約が取れやすいコツです。特に観光客が多いシーズンには、石垣路線はパッケージツアー客やビーチ目当ての若者達で大混雑しますので、旅程を立てるにあたっては、十分な余裕を持って臨む事が肝心です。

石垣島の交通機関

　島内には定期バス路線があり、空港と市内中心地間はかなりの本数がありますが、他の路線は本数が極めて少ない不便さがあります。市街と各リゾートを結び川平湾に至る観光のメイン路線でも1日7便しか運行していません。

　従って、島内の便利な交通機関はタクシーと貸し自転車となります。それ程大きい島ではありませんし、料金も安い（初乗り420〜460円）ので、タクシー利用は便利です。また、滞在先にもよりますがスーパーやコンビニエンスストア等への買い物には貸し自転車が活躍します。遠出をしない限り、市内周辺は自転車でも十分廻れます。

　なお、石垣島の海の美しさを満喫するには、北部の川平湾や平久保岬などを巡る島内1周ドライブ（100km位）がお勧めですが、この場合レンタカーで廻るのが非常に効率的です。

Japan

川平湾

　この小さな島に、全部で30数社のレンタカー会社がひしめいています。各宿泊施設には、各社のパンフレットが置かれ、電話1本で宿泊施設まで配車してくれます。島でのレンタカー利用は、郊外をドライブする日に限定出来ますので、「24時間借り」や、「2泊3日」の借り入れが多いそうです。料金も割安なパッケージ料金が設定されているので、手軽に利用する事が出来ます。車種も小型車中心に準備されており、小さい島では小回りが聞く小型車に人気があるのも頷けます。

何処に滞在するか
①コンドミニアム
　石垣島に「コンドミニアム」と呼ばれる専用の長期滞在用の専用宿泊施設はありません。しかし、HPなどには、市内周辺で何軒かのコンドミニアムの掲載があり、長期滞在出来る「ホテルと共用のコンドミニアム」は見掛け

石垣島

ます。今後の長期滞在用コンドミニアムの建設に期待したいものです。

②マンション型ホテル

　長期滞在客を受け入れている大型ホテルはあります。筆者が5週間滞在したのは、元分譲マンションをホテルに転用した施設で、ルームは2LDK以上でゆったりとした広さを持っており、全室が竹富島を望見できる海側に面しています。

　その設備・サービス内容を以下の通りでした。

・我々のルームは、海岸線の眺めの良い10階の広々とした2LDK（バルコニー付き）。
・寝室は2ベッドの洋室が2室。
・室内清掃・リネン交換のサービスは週2回。
・新聞は沖縄の地方紙中心。日本経済新聞、読売新聞等は夕方配達可能。
・室内にTV設置。PC用端末は無く、1階ロビーのみ常時接続可能/無料。
・キッチンは本格的な調理が可能で広い。湯沸しポット・炊飯器あり。

滞在したホテルとサンゴ礁の海

・冷蔵庫は大型なので、買い出しした食材の貯蔵に便利。
・自転車で行ける範囲にスーパーがあり、食材はほぼ揃う。
・徒歩圏に「さしみ店」や「雑貨屋」があり、アルコール・冷凍食品を含めほぼ調達可能。
・ランドリールームが設置されており、コイン式で便利。
・浴室は、広い洗い場付きの和式。

　滞在期間中に、ロングステイされているお客は数組のみで、殆どは低額の弾丸ツアーや修学旅行客で、たまに見掛ける家族連れも２、３泊だけです。施設としては、ロングステイ向きに造られているのに、その利用が低調な事は、現在の石垣島でのロングステイの需要がそれ程多く無い事を示しています。

③その他（ペンション、民宿、別荘等）
　現在、長期滞在希望者が落ち着く先は、殆どこの範疇に入ります。コテージスタイルあり、単身用マンションスタイルありで千差万別ですが、いずれも小規模施設で流通には余り乗っていません。口コミや自らの足で探すケースが多いと聞いています。最近は古民家を改造して長期滞在者に貸し出すケースも見られます。
　いずれにしても「快適性」を余り追求していては、石垣島では暮らせません。

石垣島

3．石垣島の過し方

土地勘を掴む

　石垣島は人口46,000人。1島1市の構成で、石垣市役所周辺や離島ターミナルがある一帯に市街地が集中しており、この辺りが石垣島の中心といえます。市街地は余り大きくはなく、徒歩圏内に多くの施設が集中しています。

　先ずはこの街の中心「離島ターミナル」から歩いてみましょう。離島ターミナルは、竹富島、西表島等の離島へ行く高速船ターミナルで、近年瀟洒な建物が完成し、大層賑やかです。このターミナルを基点にして歩けば、東西北300m以内に飲食店街、土産店街、市営中央市場、中小ホテルが揃っているので、街の様子を把握するのはごく簡単です。

　バスターミナル横の美崎町は夜の繁華街で、「泡盛文化」の中心地。郷土料理屋、中華、和食、寿司屋、焼鳥屋、民謡酒場等々の飲食店がぎっしり詰まっています。この一帯の好みのお店で夕食を済ませ、何軒かある民謡酒場に繰り出せば、出演者とお客が一体となって島唄を歌い、踊る石垣島独特の夜の雰囲気を楽しむ事が出来ます。

　必見の石垣市公設市場は、密集した家屋の多い辺りのアーケード街（あやぱにモール）の中心にある3階建てのビルで、魚屋、肉屋、八百屋がぎっしり詰まっており、2階には石垣土産・特産品のお店が集中しています。最上階では八重山踊りの鑑賞会も催しています。1階の露天には島の野菜・果物を扱うオバァー達が、ところ狭しと商いをしています。この辺りのアーケードの両側は殆どが観光客相手のお店です。この一帯は滞在中には是非一度訪問してみましょう。泡盛や民芸品など土産物は大体この一帯で調達出来ます。

郊外に出かける

　石垣島に来て先ず驚くのは、海の色が内地のそれと全く違う事です。石垣港でさえ、コバルトブルーの綺麗な色に驚きますが、市街地を少し離れて郊外の幹線道路を走れば、何処でも海の美しさを実感出来ます。静かな海辺の美しさを堪能するには、一度レンタカーを借りてぐるりと島を一周してみる事です。石垣市街から西に向かい最初の舟蔵海岸に始まり、フサキビーチ、そして海沿いに北上すると川平湾です。ここではサンゴ礁を船底から眺められる遊覧船が随時出発しています。川平湾は外さない様にしましょう。近くには海水浴に適した底地ビーチもあります。さらに道路は北部海岸に沿って米原や平久保岬へ伸びていきます。最後に東海岸沿いに市街に戻りますが、この沿線の玉取崎展望台や白保海岸がサンゴ礁の見所です。途中の景勝地には洒落たレストラン・喫茶店も随所にありますので、一休みに最適です。

　石垣島には島の中央部に結構高い山地が連なっていますが、市街地の背後にあるバンナ公園展望台にはドライブウェイが通じており、頂上の展望台から眺める竹富島、西表島とその間に横たわるサンゴ礁の海の蒼さは正しく日本離れした美しい「亜熱帯」の光景です。途中には石垣島鍾乳洞もあります。

買物に出掛ける（金融機関、スーパー，コンビニエンスストア）

　石垣島には、本土の大手銀行支店はありません。那覇に本店を置く地方銀行のみです。ATMはスーパーなどにも設置されていますが、内地に比べて台数が格段に少ない印象です。ATM設置の郵便局が多いので、この利用が一番です。内地の都市銀行・地方銀行のカードも概ね利用出来ます。

　滞在中の必要経費は、小出しに現金を引き出すのが良いでしょう。なお、石垣島ではカード決済が出来ないお店が数多くありますので、手持ち現金の補充はマメにしておく事です。

　この島では、スーパー・コンビニエンスストアの全国大手は進出していま

石垣島

せん。コンビニエンスストアはローカル1社のみで、使い勝手は本土に住んでいる時と同じという訳にはいきません。スーパーは市街地や空港周辺に数店あり、生活用品の取り揃えに便利です。しかし、この島では日々の食材・惣菜等の調達は、滞在先近くの個人商店利用の比重が高くなります。市営中央市場には是非一度行ってみて下さい。

食事に行く

　石垣島に行って先ず訪れたいのは美崎町周辺の郷土料理のお店です。郷土料理を売り物にしている飲食店は沢山ありますが、島の味に慣れるためには、最初は観光客が多い有名店に入る事です。

　石垣独特のメニューが多いので、島料理の事前学習をしておきましょう。筆者のお勧め島料理は、島らっきょう、そうめんチャンプルー、ラフテー、イカ墨焼きそばです。お値段は、何処も安価なメニューが多いので安心です。日常的に誰もが賞味するのが八重山そばで、あっさり系の味です。寿司屋も多いのですが、近海物のネタの種類はごく限られています。まあ大味な魚が多いと思って下さい。焼肉屋やステーキ屋も人気です。石垣牛はいまやブランド品で、美味い肉をお安い値段で賞味出来ます。

　石垣で酒を飲むといえば「泡盛」です。地元の人は25～35度のアルコール度の高い泡盛をお好みで、水と氷で割って飲みます。途中からストレートでぐいぐいやり出す人もいます。二日酔いのしない不思議な美味い飲み物です。ビールは沖縄産の「オリオンビール」が中心で、これは軽くて飲みやすいビールです。

石垣島で楽しみたい事

　この島では何といっても、海辺で過ごすビーチリゾートライフです。長く伸びる白い砂浜をのんびり散策したり、サンゴのカケラや貝殻を拾ったり、西表島を眺めたり、時の経つのを忘れてしまいます。風が心地よく吹き抜け

る砂糖黍畑から眺める海岸風景ものどかで美しく、ウォーキングに最適です。

　アクティブな海遊びをするには専門のマリンショップが沢山ありますから、パンフレットを見て、やりたい遊びを申し込みます。シュノーケリング、ダイビング、魚釣り、離島へのクルージングと種類は沢山揃っています。一番人気はダイビングですが、初心者でもインストラクターがきちんと指導してくれますから大丈夫です。

　筆者は69歳にして初めてのダイビングを体験しました。最初は凄く緊張しましたが、海の底に潜った途端、熱帯魚の群れるサンゴ礁の美しさにすっかり魅了されてしまいました。

　郊外の海辺を自分で訪ねるには、レンタカーや貸し自転車でのドライブやサイクリングが最適です。島内一周しても100kmそこそこです。海岸沿いの一周道路は良く整備されていますし、交通量は少なく、島人の運転は実にのんびりしたものです。

　また石垣島特有の文化や芸能に触れたい人も多いでしょう。短時間で初心者でも体験出来るのは、石垣焼・八重山藍染め・八重山みんさー織等です。幾つかの工房がありますので、電話で予約を入れます。三線（さんしん）と呼ばれる沖縄民謡に欠かせない楽器の体験教室や、島唄などの郷土芸能の習い事も出来ます。

　島には観光客向けの無料の観光案内誌が数誌あり、簡単に手に入りますので、内容を良く吟味して、自分の趣味に合わせてじっくり楽しみを見付けて下さい。

　ゴルフファンにはお気の毒ですが、現在、石垣島にはゴルフ場はありません。どうしてもという場合には、高速船で30分の小浜島に、八重山諸島唯一の18ホールのゴルフクラブがあります。

石垣島

4. 離島への小旅行を楽しむ

どんな島があるか？

　石垣島周辺には沢山の島々があります。石垣島を含めて全体を八重山諸島と呼びます。

　一番大きいのが西表島。西表島と石垣島の周辺には竹富島、小浜島があります。この他にも住民が僅かな小さい島が幾つかありますし、無人島も多くあります。石垣島から小型機が飛んでいる、台湾に一番近い（111km）与那国島も魅力の多い島です。

　竹富島や小浜島は余りにも有名です。こちらの案内は専門のガイドブックを参照して下さい。石垣島の離島ターミナルから頻繁に高速船が運航しており、片道30分以内で行けますから、半日行程で石垣島に戻れます。どちらの島にも宿泊施設が揃っていますから1泊の小旅行も宜しいでしょう。ロングステイの場合は時間がタップリありますので、滞在中にスケジュールを立てて、これらの離島への小旅行を是非共楽しみましょう。

西表島

　西表島は石垣島より大きな島ですが、住民はわずか2,300人。ほぼ全島域が西表石垣国立公園に指定されており、島の90％が亜熱帯のジャングルに覆われ、本物の自然の姿が残された貴重な島です。未だに一周道路は無く、島の西半分には道路はありません。石垣島からは大原港が近く、ここから島を半周して白浜まで行く定期バスが運行しています。島の北側には上原港があり、石垣港から定期便がありますが、海が荒れると直ぐ運行中止になるので要注意です。西表島を見て廻るには、なるべく島で1泊か2泊してゆっくり滞在すると良いでしょう。大小の宿泊施設も揃っています。この島では何といってもマングローブの林など手付かずの大自然を肌で体験する「エコツアー」がぴったりですし、マリンレジャーも盛んです。

西表島マングローブの密林

離島ビーチでのんびり

　筆者も多くの島々を訪ねましたが、一番印象に残っているのは新城島(あらぐすく)です。僅かな島民しか住まない静寂な島ですが、海の美しさは八重山の中でも格別です。ダイビング、シュノーケリング、釣り等の海遊びや海岸でのんびりと過ごせます。但し、定期船が無いので小型船を持つクルージング会社に依頼して渡航しなくてはなりません。島には宿泊施設はありませんので、全て日帰りです。

石垣島

5. 石垣島で暮すにあたって留意したい事

沖縄本島との違い

　石垣島は、沖縄本島から遠く離れた島です。同じ沖縄県とはいえ、本島とはかなり違った独自の歴史、文化を持っています。本島の様に烈しい戦争体験を持ちませんし、米軍基地もありません。島民の本島を見る眼には若干醒めたものがある様な気がします。ですから、本島で見掛けるギスギスした平和第一主義や本土への反感の雰囲気はこの島にはありません。

　島全体の雰囲気は、実にのどかなものです。島民の生活スタイルもゆったり、ゆったりとしていて、この島では、あくせくしても何にもなりません。「島時間」を尊重して、島のペースに合わせて暮らす事です。

島民感情への気遣い

　石垣島民は、おしなべて温和で、人懐こく、内地からの人へも分け隔てなく親切に接してくれます。道を聞いたりしても、見知らぬ人への警戒心を全く感じさせません。普段から隣近所とのお付き合いを大事にして、冠婚葬祭も住んでいるコミュニテイ全体で助け合って執り行われます。住宅でも、鍵

石垣島のブーゲンビリアに囲まれた民家

を掛けない家が多いと聞きます。この島では、日本人が忘れかけた「ムラ社会」が厳然と活きているのです。この島で暮らすには、島のしきたりや伝統を守る人々を思いやる気遣いが大事です。最近の移住者の中には、そんな島民感情や伝統風習を無視して、自分達のやりたいスタイルを押し通す人も少なくないと聞きます。これは厳に慎まなければいけません。他人に優しく、島を愛する人々が住む島です。

最後に　石垣島ロングステイ振興への提案

　石垣島で暮らしてみたいロングステイ希望の潜在需要は、非常に多いと思われます。

　5週間、この島で暮らしてみて、この島の暮らし良さに心底から納得する事が出来ました。この島の経済にとっても、今後のロングステイヤーの増加は歓迎されて良いでしょう。石垣島が国内ロングステイヤー定着の為の「経済特区」になっても良いと思われます。

　そのためには早急に官民一体となって、その受入体制を整備して行かなければいけません。

　第1に官民共同で、現在ある総ての長期滞在用施設の実態把握と全施設のインターネットによる予約受付体制の構築です。次が快適な滞在施設の整備です。民間のコンドミニアム建設への助成をする事も検討課題です。行政として着手可能な事としては、公営住宅の空家活用です。3ヶ月、6ヶ月等の期間限定で、県民・市民以外にも入居出来る仕組みを作っては如何だろうか。運営は、民間のNPO等に委託して、決して「何とか公社」等を作らない事です。「箱モノ作って、魂入れず、それでおしまい」のお役所仕事では、この種のプロジェクトは成功しないし、定着しないと思います。

あとがき

　初めて海外ロングステイ先のマレーシアから帰国したのが2006年2月末でした。常夏の爽やかなマレーシアから極寒の北海道千歳空港に舞い戻った時、北海道の真冬の厳しさに、直ぐにもマレーシアに逆戻りしたいと本気で思った事を、今でも鮮明に覚えております。

　マレーシアには、わずか3ヶ月の滞在でしたが、私共夫婦にとっては、これまでの精々2～3週間程度の海外旅行とは全く異質の、いわば「生活する海外旅行」でした。これまで体験してきた周遊型の海外旅行では味わう事の出来なかった、充実した3ヶ月でした。それ以来、ロングステイの虜になり、毎年、魅惑的な滞在先を探して出かけております。

　その間、渡航準備のために、種々のガイドブックを漁ってみると、ロングステイの指南書は数多くあるものの、意外にも体験にもとづいた実践的なテキストは少ない事が分ってきました。特に準備段階のガイドが少ない印象です。また、長年の旅行会社勤務を知っている友人達からも、ロングステイの相談や質問を受ける機会も多くなりました。そこで、これまでの経験や集めてきた資料類を体系的に整理して1冊の本に編集し、多くの人々のお役に立てないか、そんな素人考えから、本書の下書きはスタートしました。

　今、最終原稿の校正を終えて振り返ってみると、最初の筆者の意図が的確に反映出来たかどうか、内心忸怩たるものがあります。

　本書は海外ロングステイ中心に纏めてみましたが、実は、相当以前から、筆者の気掛かりな問題が一つあります。それは日本国内で

のロングステイが、何故、社会的な風とならないのかという疑問です。欧米社会では、長期休暇を取って家族揃って国内の適地で過す生活スタイルは、ごく一般的なバカンスの取り方です。そのための宿泊施設の整備も相当に充実しております。ところが日本の社会では、このように長期休暇を推進する気運は官民共に殆ど見られません。

しかし、これからのアクテイブなシニア層の急激な増加を見るまでもなく、型にはまらない自由な休暇スタイルが増えていくのは、確実な社会傾向であります。筆者の推量では、海外ロングステイは言葉の問題等で躊躇するものの、国内でのロングステイへの潜在的な願望は、現在でも、相当に大きいものと考えております。

そんな国内の実情も考えながら、石垣島でのロングステイ体験を踏まえて、国内のロングステイについても少々の考察を付け加えてみました。

今後の日本の社会のありようを考える時、中央省庁のみならず、地方の行政機関にも国内でのロングステイが普及していくための重点施策の推進を強く望むものです。

最後に、今回の拙著の出版にあたり、お世話になった方々への御礼を一言述べさせて頂きます。かつて一緒に仕事をした事があるJTBの後輩が、旅行・観光関連のマーケテイング書を何冊か著している事を知りました。株式会社ジェイ・アイ・シー執行役員で、同社の「旅の販促研究所」所長の安田亘宏氏です。彼に、今回の著作の意図とその出版について相談したところ、懇切丁寧に関係業界の実情の解説と出版社への紹介の労をとって頂きました。最終的には安田氏の推挙により、株式会社教育評論社による出版が実現しました。加えて、本稿全般にわたり、最新データのチェックの労もお

願いしました。

　また、今回の編集担当者になって頂いた久保木健治氏には、筆者の気付かない細部に亘って、的確なアドバイスを頂きました。

　御二人に、深く敬意と謝意を申し述べます。

　今後、1人でも多くの国民が、国内外でのロングステイを楽しめる日が来る事を願って、筆をおきます。

2009年8月21日　　　　　　　　　　　　　　　　　　　　國澤　潤三

國澤潤三（くにさわじゅんぞう）

1938年北海道北見市生まれ。
1962年慶應義塾大学卒業後、財団法人日本交通公社（現・株式会社JTB）に入社。
代表取締役専務などを歴任し、2004年リタイアと同時に北海道に移住、現在に至る。
著書に『日本百名山 クルマで行くベストプラン』（JTBパブリッシング）。

装　丁　　吉原敏文（デザイン軒）
写真撮影　國澤礼子
編集協力　株式会社ペダルファーブックス

定年前から始める
ロングステイ実践講座

2009年11月18日　初版第1刷発行

著　者　　國澤潤三
発行者　　阿部黄瀬
発行所　　株式会社教育評論社
　　　　　〒103-0001
　　　　　東京都中央区日本橋小伝馬町2-5　F・Kビル
　　　　　TEL　03-3664-5851
　　　　　FAX　03-3664-5816
印刷製本　萩原印刷株式会社

Ⓒ Junzo Kunisawa 2009,Printed in Japan
ISBN 978-4-905706-47-2　C0026

定価はカバーに表示してあります。
本書の無断複写（コピー）・転載は、著作権上での例外を除き、禁じられています。
万が一落丁本、乱丁本の場合は送料当方負担でお取替えいたします。